"十四五"时期国家重点出版物出版专项规划项目·重大出版工程规划
中国工程院重大咨询项目成果文库
推动能源生产和消费革命战略研究系列丛书
（第三辑）

能源革命推动珠三角开放发展

陈　勇　呼和涛力　著

科学出版社
北　京

内 容 简 介

本书是中国工程院重大咨询项目“推进能源生产和消费革命（2035）——能源革命推动经济社会发展和生态环境保护战略研究”下设的第四课题“能源革命推动珠三角开放发展”的研究成果。本书根据珠三角开放发展的实际需求，剖析能源供给、消费特点及存在的问题，梳理开放发展与能源革命之间的关系，分析能源革命对经济社会与生态环境的推动作用。同时，立足区域资源禀赋与发展阶段的实际，结合地区能源未来发展需求，制定了珠三角中长期阶段发展目标及路线图，提出了珠三角能源转型发展的相关措施及建议。

本书适合能源与环保相关领域的科研工作者、政府管理人员、政策咨询研究人员阅读，也适合各类图书馆收藏。

图书在版编目（CIP）数据

能源革命推动珠三角开放发展 / 陈勇等著. —北京：科学出版社，2021.10
（推动能源生产和消费革命战略研究系列丛书. 第三辑）
中国工程院重大咨询项目成果文库
ISBN 978-7-03-069076-0

Ⅰ. ①能… Ⅱ. ①陈… Ⅲ. ①珠江三角洲—能源发展—研究 Ⅳ. ①F426.2

中国版本图书馆 CIP 数据核字（2021）第 108889 号

责任编辑：王丹妮 陶 璇 / 责任校对：王晓茜
责任印制：张 伟 / 封面设计：有道设计

科学出版社 出版
北京东黄城根北街 16 号
邮政编码：100717
http://www.sciencep.com
北京捷迅佳彩印刷有限公司 印刷
科学出版社发行 各地新华书店经销
*
2021 年 10 月第 一 版 开本：720×1000 B5
2021 年 10 月第一次印刷 印张：6 1/2
字数：130 000
定价：98.00 元
（如有印装质量问题，我社负责调换）

推动能源生产和消费革命战略研究系列丛书

（第三辑）

编委会成员名单

课题组成员名单

姓　名	职称/职务	工作单位
陈　勇	工程院院士	中国科学院广州分院/常州大学
陈　群	党委书记/研究员	常州大学
凌　祥	副校长/教授	南京工业大学
呼和涛力	院长/研究员	常州大学城乡矿山研究院
赵黛青	研究员	中国科学院广州能源研究所
骆志刚	副研究员	中国科学院广州能源研究所
孙富安	助理研究员	常州大学城乡矿山研究院
袁汝玲	助理研究员	常州大学城乡矿山研究院
郭华芳	研究员	中国科学院广州能源研究所
黄宏宇	研究员	中国科学院广州能源研究所
袁浩然	研究员	中国科学院广州能源研究所
唐志华	副研究员	中国科学院广州能源研究所
季统凯	主任/研究员	中国科学院云计算中心
张晓宇	高级工程师	国家能源集团
严晓辉	高级工程师	国家能源集团

姓　名	职称/职务	工作单位
雷廷宙	研究员	常州大学城乡矿山研究院
周政忠	副研究员	常州大学城乡矿山研究院
刘　鹏	讲师	常州大学城乡矿山研究院
吴琦刚	助理研究员	常州大学城乡矿山研究院
陈　琳	助理研究员	常州大学城乡矿山研究院
陈莲花	硕士研究生	常州大学城乡矿山研究院
王　月	硕士研究生	常州大学城乡矿山研究院

推动能源生产和消费革命战略研究系列丛书

（第三辑）

丛 书 序

能源是人类社会发展的重要支柱，是国民经济发展的重要基础。致力于促进中国工程科学技术事业和经济社会可持续发展的中国工程院，自 1994 年建院以来就将能源问题纳入战略咨询的重要范畴。能源革命战略研究已做成了系列，做成了中国工程院的品牌。

党的十八大首次提出“推动能源生产和消费革命”[①]。习近平于 2014 年提出“四个革命、一个合作”能源安全新战略以来，推动能源革命已经成为中长期我国能源发展的基本遵循[②]。中国工程院于 2013 年 5 月启动了“推动能源生产和消费革命战略研究”重大咨询项目，创新性地提出了能源革命三阶段论述；又于 2015 年 10 月启动了以农村能源、西部能源和“一带一路”能源合作为重点的能源革命二期重大咨询项目，提出农村地区和西部地区推进能源革命“三步走”战略。

区域经济社会发展和生态环境保护离不开能源的支撑保障。党中央提出的“四个革命、一个合作”能源安全新战略，以及以京津冀协同发展等为代表的国家区域发展战略的深入贯彻实施，为新时期能源发展提供了基本遵循和方向指引。鉴于此，中国工程院于 2018 年 3 月启动了“推进能源生产和消费革命（2035）——能源革命推动经济社会发展和生态环境保护战略研究”重大咨询项目。项目以主动视角审视当前国家能源发展情况，立足“变被动为主动”的研究观点，深入研究能源革命对经济社会发展和生态环境保护的推动作用，全面分析能源与经济社会、生态环境的相互关系，旨在新形势下结合区域发展战略的顶层指引和能源资源禀赋的实际，因地制宜推进区域能源革命，推动区域经济社会发展和生态环境保护。

历时两年的研究，项目取得了一系列研究成果。围绕能源革命推动京津冀协

---

① 胡锦涛在中国共产党第十八次全国代表大会上的报告，http://cpc.people.com.cn/n/2012/1118/c64094-19612151.html[2012-11-18]。

② 习近平：积极推动我国能源生产和消费革命，http://www.xinhuanet.com/politics/2014-06/13/c_1111139161.htm[2014-06-13]。

同发展和雄安新区建设、长三角创新发展、珠三角开放发展、老工业基地转型发展、中部地区崛起、能源富集地区绿色发展、西南地区共享发展、能源安全保障等研究内容，通过典型的区域案例和技术案例的调研与分析，在系统总结和深入研究能源革命对经济社会发展和生态环境保护的推动作用及能源安全专题分析研究的基础上，提出因地制宜推进能源革命的指导思想、战略思路、战略目标，阐述了 2035 年、2050 年能源革命在推动经济社会发展和改善生态环境方面的重要作用和推进区域能源革命的七大战略举措：第一，推进京津冀能源与经济、环境的协同发展，力争生态环保实现率先突破；第二，依托长三角一体化发展优势，建立集成优化、区域联动、智能调控的能源系统，推动区域创新发展；第三，依托“一带一路”和粤港澳大湾区建设，将珠三角地区打造成国家油气储备基地和可再生能源基地，成为国家能源安全保障体系的重要一环；第四，以能源高值化、多元化、低碳化推进经济转型，激发老工业基地振兴新动能；第五，充分发挥枢纽区位优势，依托西气东输、西电东送、北煤南运，将中部地区重点打造成为保障中东部地区能源供应的综合枢纽站；第六，依托新一轮西部大开发战略，将能源富集地区打造成绿色可持续的国家能源安全保障基地；第七，推进清洁能源开发与消纳，促进乡村振兴，共享西南地区能源发展成果。并从政策制定、组织机构、财税金融、人才队伍建设等方面提出相关措施，保障相关战略举措的落地生根。

通过研究，项目形成了《推进能源生产和消费革命（2035）——能源革命推动经济社会发展和生态环境保护战略研究》总报告 1 份和 9 份课题报告及其摘要报告，其报告由科学出版社出版发行。同时，项目相关研究成果也及时做了总结，向党中央、国务院及有关部门上报了《关于能源革命与区域发展协调推进的建议》等 5 份院士建议，递交《关于建设榆林国家级能源革命创新示范区的提案》等 3 份全国政协提案。项目研究成果对于我国推进能源革命具有重要借鉴意义。

在项目的研究中，参加人员坚持咨询工作的“战略性、科学性、时效性、可行性、独立性”，注重战略研究的“方法创新、调研充分、研讨深入、组织严谨”，取得了重要成果，不仅数据翔实、目标明确，而且技术路线和政策措施具体。

项目的研究成果是项目组全体院士、专家集体智慧的结晶，作为项目负责人，我衷心感谢项目顾问李晓红、周济等院士的精心指导和所有参与研究及提供支持的院士、专家的辛勤工作，期望本丛书能够进一步为政府部门的科学决策提供科学支撑，为相关领域专家学者的进一步研究提供有益借鉴。

在新的历史阶段，能源革命正面临着新的挑战与机遇。作为全球最大的能源消费国和生产国，中国同时也在积极推进全球能源绿色转型发展。目前正在组织开展能源革命系列第四期即“能源战略（2035）”研究，阶段成果已提交院士建议 3 份，将继续为推动新时代能源事业高质量发展、践行“四个革命、一个合作”能源安全新战略献计献策。

谢克昌

2021 年 5 月 20 日

前　言

珠三角地处21世纪海上丝绸之路，是我国参与经济全球化的重要区域，同时也是我国综合实力最强的三大城市群之一。2017年，珠三角9市携手港澳打造了粤港澳大湾区，成为继美国纽约湾区和旧金山湾区以及日本东京湾区之后的世界第四大湾区。改革开放以来，珠三角率先在全国建立了开放型经济体系，成为我国外向度最高的经济区和对外开放的重要窗口。在新形势下，珠三角开放发展的内涵可归结为：推动珠三角新一轮发展、带动周边地区共同发展、融合粤港澳大湾区建设、贡献全国社会经济发展、服务“一带一路”建设、助力区域生态文明建设等内容。珠三角的开放发展同时需要以安全、可持续能源的供给作为保障。然而，珠三角地区的能源发展存在能源消费总量与强度“双控”、能源消费结构有待优化、能源开发与生态空间布局不合理以及新能源技术创新不足等诸多问题和挑战。

本书根据珠三角经济社会发展的实际需求，全面梳理珠三角开放发展与能源革命的关系，系统分析开放发展对能源革命的要求，采用基准、转型、深度转型情景分析法研判珠三角地区中长期（2025年、2035年和2050年）能源发展方向，并在转型情景下针对电力、工业、交通及建筑部门实现“清洁、低碳、安全、高效”目标制定了路径，同时给出能源革命相关技术与举措，提出能源供给与消费、能源转型与用能结构、科技支撑及技术创新、能源管理与服务等方面的保障措施和建议。

能源生产和消费革命作为推动珠三角开放发展的基本思路可以认为有“存量优化、增量革命、用能转型、智慧管理”四个方面。存量优化，即调整一次能源消费结构，提高清洁能源比例；增量革命，即清洁、低碳能源全面增量替代，提高外购清洁能源占比；用能转型，即实施节能优先战略，加快产业向清洁、低碳能源转型；智慧管理，即实现能源管理和服务的智能化与现代化管理体系。基于上述思路，珠三角能源革命的路线为：2018～2025年是结构优化期；2025～2035年是用能变革期；2035～2050年是发展定型期。在能源转型情景下，珠三角地区能源发展的主要指标是：到2025年将实现石油消费达到峰值；到2030年能源消费总量达到峰值，控制在2.73亿tce以下；到2035年外购电清洁能源占比和清洁电源占比均达到100%；到2050年，珠三角单位地区生产总值能耗下降到0.05tce/万元、碳排放强度将达到 0.05t/万元，实现建立清洁、低碳、安全、高效能源体系的目标。为实现此目标，采取的技术与举措如下：一是推动绿色集约发展，有效控制能源消费总量、打造中高级能源消费结构、深入推进重点行业节能减排等；二是加快构建清洁低碳新体系，坚持存量优化、增量革命、用能转型、智慧管理的基本原则；三是合理建设主体功能区划，分别针对优化、重点、限制以及禁止四类开发区域实施分类施策；四是推动区域空间整体规划，包括对城市区域、产业集聚区、中央商务区以及居民生活区实施能源革命措施；五是促进管理体系现代化，包括构建有效竞争的能源市场体系、建立能源价格形成与成本审核机制、促进城市间能源要素自由流动等。

综合上述分析，在保障措施和建议中分别提出了构建清洁多元的能源供应格局，推广清洁燃料，促进能源区域合作；推动产业向绿色集约型发展，打造中高级能源消费结构，提高电气化水平，深入推进重点行业节能减排；加强能源科技创新体系顶层设计，创新发展绿色电力、绿色交通、低碳节能建筑以及智慧能源系统等技术；构建能源治理体系现代化，培育综合能源服务方式等。以此，保障珠三角能源高质量发展，推动珠三角经济社会和生态环境可持续发展。

目　　录

第一章　珠三角地区发展总体情况

第一节　珠江三角洲地域及生态环境特征

一、区域特征与城市群

珠江三角洲（Pearl River Delta），简称珠三角，由组成珠江的西江、北江和东江及其支流潭江、绥江、增江带来的泥沙堆积而成，是中国南亚热带最大的冲积平原。珠三角属于亚热带海洋性季风气候，雨量充沛，热量充足，雨热同季，植被为热带季风雨林。珠三角是南亚热带性三角洲，与黄河三角洲、长江三角洲不同，地貌水文上为多汊道的良好水网，宽广深水河道也众多。气候和植被方面，热量和辐射丰富，植被生长旺盛，动物种类繁多，对农牧渔业的发展具有得天独厚之势。

珠三角位于广东省的东南部，珠江下游，毗邻港澳，与东南亚地区隔海相望，海陆交通便利，称为“南海丝路”。改革开放40多年来，经过人口和经济要素高度集聚，珠三角的城镇化水平快速提高，基础设施不断完善，形成了一批富有时代气息又具有岭南特色的现代化城市，成为我国三大城镇密集的地区之一。2008年通过国务院审批的《珠江三角洲地区改革发展规划纲要（2008—2020 年）》中指出，珠三角范围包括广州、深圳两个副省级城市以及珠海、佛山、东莞、中山、江门、肇庆、惠州 7 个地级城市。自《珠江三角洲地区改革发展规划纲要（2008—2020 年）》实施以来，珠三角地区一体化水平不断提升，有力推动了“广佛肇+韶清云”（广州、佛山、肇庆+韶关、清远、云浮）、“深莞惠+汕尾、河源”（深圳、东莞、惠州+汕尾、河源）、“珠中江+阳江”（珠海、中山、江门+阳江）三个新型都市群发展理念率先实现一体化。2019 年 2 月 18 日，国务院发布《粤港澳大湾区发展规划纲要》，提出要将粤港澳大湾区建设成为充满活力的世界级城市群、具有全球影响力的国际科技创新中心、“一带一路”建设的重要支撑、内地与港澳深度合作示范区、宜居宜业宜游的优质生活圈。

二、地区生态环境状况

改革开放以来，珠三角率先探索生态文明发展道路，在生态建设、生态保护和生态修复等方面取得显著成效，为区域实现可持续发展奠定了坚实的生态基础。生态建设方面，建成区绿地率和人均公园绿地面积逐年增加，休闲绿地面积不断扩大，城市生态系统基本稳定；生态保护方面，实施了节能减排、治污保洁、珠江综合整治等一批重大工程，空气主要污染物年均浓度得到有效控制，逐步建成区域空气监控网络等，生态环境保护成效显著；生态修复方面，实施了国土矿山生态修复和水土流失治理工程，局部地区生产生活条件得到改善。同时，耕地资源流失得到基本控制，海洋生态环境恶化趋势得到缓解，水资源保护和利用得到加强。

珠三角作为人口密集区和经济发达地区，随着社会经济和城市化的快速发展，各种生态危机风险因素明显增多，生态安全仍面临着威胁和挑战，主要有：珠三角城市化及工业化的快速发展带来非农建设快速增长，导致区域自然生态空间减少和破碎化；珠三角过度的人类活动对区域生态系统造成严重的破坏和干扰，森林生态系统、农田生态系统、海洋生态系统、湿地生态系统及城市生态系统等的生态服务功能逐年下降；粗放的土地利用模式和高强度的开发模式、环境污染问题已成为制约珠三角可持续发展的重要因素；同时存在区域生态赤字普遍存在、区域生物多样性保护压力增大、生态安全一体化的管理体制机制有待建立和完善等问题。

针对珠三角生态环境问题，为提升区域生态环境能力，提升环境承载力，国家和地方相继出台了有关二氧化碳及污染物控制的规划。我国提出了力争 2030 年前实现碳达峰。广东省提出“十四五”期间，主要污染物排放总量持续减少，绿色低碳发展水平明显提升，全省努力实现碳达峰，以此缓解环境发展方面的约束。

第二节　珠三角地区社会经济发展情况

一、人口发展情况

珠三角地区 2018 年的常住人口为 6301 万人，占全国总人口的 4.5%，占广东省总人口的 55.5%，是北京和上海人口总和的 1.3 倍。在人口的区域分布方面，人口向珠三角集聚的态势仍十分明显。2018 年广东省常住人口区域分布总格局按人口数量排列依次为：珠三角核心区、沿海经济带（东西两翼）、北部生态发展区，分别占全省人口总量的55.5%、29.6%和14.9%。珠三角9市既是广东经济社会发展的主要核心区域，也是常住人口数量增幅最大、增长速度最快的区域。图1-1显示2000～2018年各市人口的增长趋势。2010～2018年人口年均增速为1.5%。2018年珠三角核心区人口数量比2017年增加150.45万人，其中，广州、深圳两市常住人口增幅占同期全省以及珠三角核心区常住人口增量的51.1%和60.1%。同时，珠三角9市常住人口占粤港澳大湾区人口总量的88.6%；从人口密度而言，珠三角人口密度从2000年的783人/km^{2}增至2018年的1150人/km^2，约是全国平均水平的8倍。人口密度最大的深圳达到6522人/km^2，其次是东莞、佛山和广州，分别为3411人/km^2、2082人/km^2、2056人/km^2；从城镇化率来看，2018年珠三角核心区人口城镇化率达到85.9%，比全国平均水平高26.3个百分点，珠三角核心区已经媲美成熟的发达国家水平。

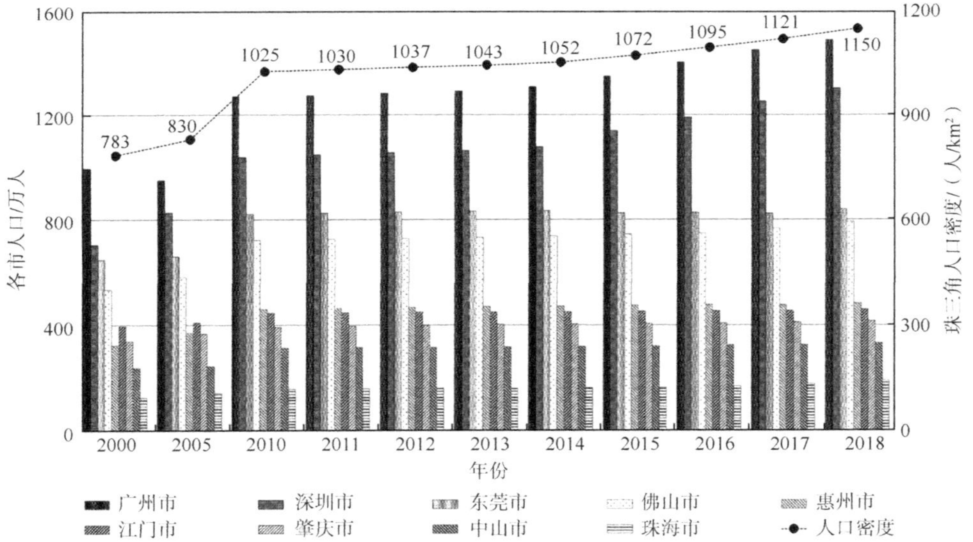

图1-1　珠三角地区各城市人口发展情况

二、经济发展情况

珠三角地区在全国乃至在全世界影响力非常突出，被誉为具有全球影响力的先进制造业基地、全球出口基地和现代服务业基地、世界产业转移的首选地区之一、21世纪海上丝绸之路的起点之一、我国参与经济全球化的主体区域、全国科技创新与技术研发基地、全国经济发展的重要引擎、国内乃至国际重要的高新技术产业生产基地等。图1-2显示2000～2018年珠三角地区各城市的经济发展情况。

2018 年珠三角的地区生产总值达到 8.1 万亿元，比 2000 年增长了 8.6 倍，珠三角生产总值占广东省的 83.3%、占全国的 9.0%，是北京和上海经济总和的 1.26 倍。珠三角 9 市中广州和深圳生产总值占比达到 58.1%，按城市群来比较，“广佛肇”占 43.2%、“深莞惠”占 45.1%、“珠中江”占 11.7%。2000～2018 年珠三角的地区生产总值年均增长率为 10%左右，由于 2008 年的全球金融危机，经济发展速度下降较快，由 2010 年的 15.5%下降到 2018 年的 7.1%。

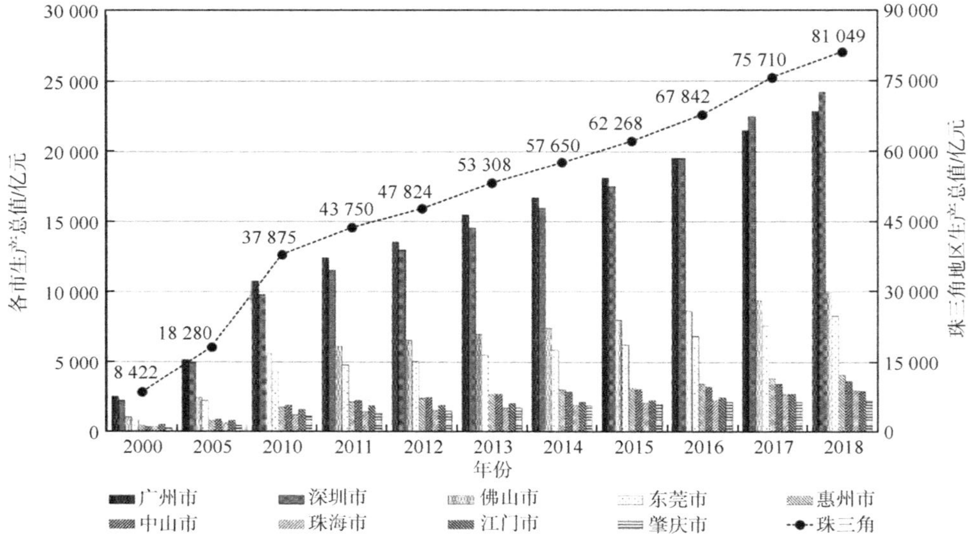

图 1-2　珠三角地区各城市经济发展情况

从各城市产业构成看，地区生产总值较高的发达城市第二产业占比均较高（图 1-3）。佛山、东莞及惠州等城市承担着广州、深圳制造业转移的产业布局任务。而广州和深圳则继续发挥对外服务贸易中心作用，以服务业为主的第三产业占比高达 71.7%和 58.8%，高于广东省平均水平。相较于其他城市，地区生产总值较低的肇庆、江门地区的产业构成中第一产业仍然占据相对较大比重，未来可在第一产业规模上发展现代农业。此外，深圳规模以上工业增加值在内地城市群中的领先优势继续扩大，佛山在机械设备等工业制造行业逐渐发力，产业布局日渐合理，规模以上工业增加值也赶超广州，排名粤港澳大湾区内地城市第二；从各城市产业结构梳理来看，区域内已建设成完善的制造业体系。由深圳、广州中心城市辐射而形成的产业圈影响力逐渐扩大。但大多数城市仍然以传统制造业为主，产业定位不明确，过去珠三角经济发展模式中同质化竞争的现象仍然存在，城市融合度不高。而粤港澳大湾区规划的提出不仅仅是一个经济发展的概念，更重要的是，在经济共同发展的目标基础上实现最大程度的区域整合。在创新经济驱动、城市群协同发展的带动下，粤港澳大湾区未来应有效利用现有的制造业优势，一方面向高端产业链转移，另一方面要充分发展金融业、服务业等第三产业经济。

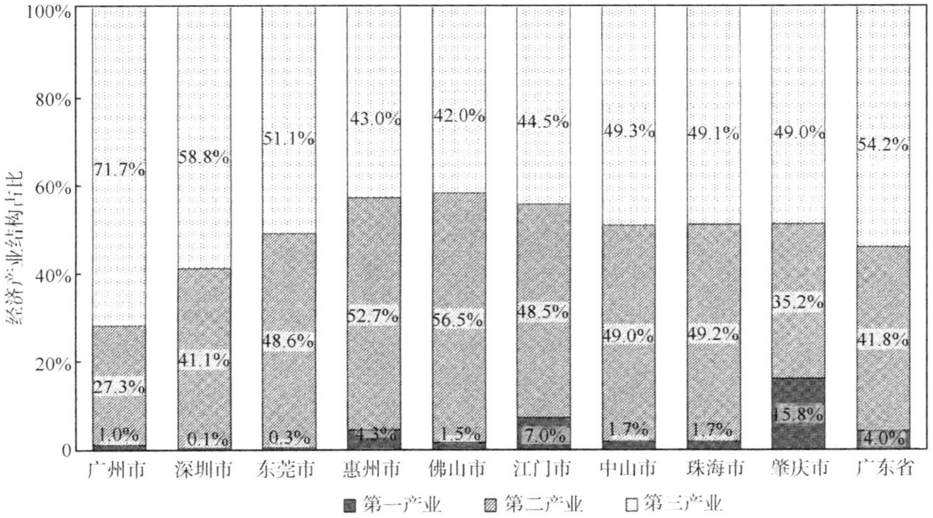

图 1-3　珠三角地区各城市经济产业结构

第三节　珠三角能源供应情况

一、煤炭供应

自 2005 年关闭韶关的煤矿产业以来，广东省已退出了产煤领域。广东省乃至整个华南地区属于经济和能源消费大省/地区，但又是我国外调煤炭重点消费省份与地区之一，煤炭的来源主要分布在华北、西北部地区。由于原煤储量分布不均，广东省的煤炭一直靠“西煤东调”和“北煤南运”来调配资源，煤炭调运多元化势头增强，国内资源和进口煤炭齐头并进，煤炭调入主要来自北方港口下水的神木系列、山西优混系列、伊泰煤炭等，煤炭进口主要以澳大利亚、印度尼西亚等国的进口煤为主。由于我国煤炭进出口关税政策的导向性调整、鼓励进口的延续，以及广东省在我国距离国际主要煤炭出口国的运输航线最短的地理优势，进口煤炭价格一般低于国内煤价，外贸进口煤成为煤炭市场的重要供给来源，主要来源于印度尼西亚、澳大利亚，少量来自越南、俄罗斯等国家。

二、油品供应

珠三角地区加工的原油主要来源于南海油田、进口和外省调入，主要通过输油管道和海运到港口供应。珠三角内建成中国石油化工股份有限公司广州分公司（简称广州石化）、中海石油炼化有限责任公司惠州炼油分公司（简称惠州炼化）两家大型炼油化工企业，生产汽油、柴油、煤油等燃料及化工原料，原油加工能力为 3520 万 t/年，其中广州石化供应 1320 万 t/年、惠州炼化供应 2200 万 t/年。

三、天然气供应

截至 2017 年，珠三角地区形成进口液化天然气（liquefied natural gas，LNG）、跨省长输管道天然气和海上天然气等“多源互补、就近供应”的供气格局，建成天然气供应项目 7 个，分别是深圳大鹏、中海油深圳迭福、中海油珠海金湾、中石油二线广东段、珠海横琴岛海上天然气管道、高栏港海气管道和东莞九丰等，供应能力达到每年 401 亿 m^3。珠三角天然气主干管网长约 2200km，依次由珠海、江门至肇庆，过清远连接广州，至中东部东莞和惠州，初步形成珠三角内外环网，连接粤西北地区的输气网络格局。值得一提的是，2018 年整个广东省 LNG 消费量达 220 亿 m^3，消费量远低于供应能力，需加强优化布局，避免未来 LNG 接收站产能过剩。

四、电力供应

电力对外依存度约占 50%。珠三角地区除珠海以外的所有城市的电力都需要外供，来源为省外西电以及由粤东西北调入。2017 年珠三角地区全社会用电量为 4423 亿 kW·h，本地自供电为 2209 亿 kW·h，自给率仅为 49.9%。珠三角地区电力总装机容量为 5232 万 kW，其中煤电占 49.7%、气电占 31.3%、核电占 11.7%、可再生能源占 7.3%。总体而言，珠三角地区电力发展趋势是煤电比重逐步下降，同时气电、核电、可再生能源发电及供应能力将会进一步提高。

（1）化石能源发电装机。燃煤发电由于部分燃煤发电机组供电煤耗较高，很难与珠三角地区外百万千瓦超超临界燃煤高效机组竞争发电小时数。尽管燃气发电装机容量较高，但天然气价格高导致发电成本高于气电上网电价，燃气发电无积极性，双重原因导致粤港澳大湾区内发电装机能力只发挥了总装机容量的 30%。

（2）核电装机。2017 年珠三角地区的深圳有 612 万 kW 核电在运行，珠三角外的阳江有 432 万 kW 装机在运行。深圳、惠州、江门、阳江和汕尾等地区已在建的核电装机有 3000 万 kW，预计到 2035 年前投入运行。从未来规划来看，珠三角内规划的核电装机容量合计达到 2600 万 kW，占全省核电总量的 2/3，每年可供电 2000 多亿 kW·h。未来核电是粤港澳大湾区外购绿电和港澳供电的重要保障。

（3）可再生能源。风电和生物质能源利用是珠三角地区发展可再生能源、提高能源安全的重要途径。珠三角的海上风电主要分布于珠海和惠州的近海浅水区。广东省首个海上风电示范项目于 2016 年在珠海开工建设。到 2035 年，粤东西海上风电的总装机容量可达 6535 万 kW，按照年利用小时为 3000h 估算，每年可供电 1961 亿 kW·h。生物质能源方面，如养殖废弃物、农林废弃物、城市有机废弃物等生物质资源量，折合约 2000 万 tce，开发潜力占 2017 年能源消费总量的 8%左右，具有重要开发潜力。

五、能源进出口与开放发展

1990～2018 年广东省能源进出量变化数据显示（图 1-4），外来能源总量（包括国内外省调入量和国外进口量）呈逐年上升趋势，从 1990 年的 3429 万 tce 增加到 2018 年的 36 359 万 tce，增加了 9.6 倍，其中，国内外省调入量占外来能源总量的 70%左右。在此期间，向外输出能源总量（包括国内本省调出量和国外出口量）从 1990 年的 266.9 万 tce 增加到 2018 年的 9815.1 万 tce。同时，能源净入量（国内外省调入量和国外进口量减去国内本省调出量和国外出口量）从 1990 年的 3162 万 tce 增加到 2018 年的 26 544 万 tce，增加了 7.4 倍，年均增长率为 7.9%。其中，2000～2005 年增速最为明显，年均增速达到 17.5%，而从 2012 年开始至 2018 年年均增速为 1.6%，开始趋于缓慢增长趋势。另外，图 1-4 中也显示了 1990～2018 年广东省净入能源占可供能源消费比例情况。这一期间，除 1995～2005 年稍微偏低以外，其他年份均与平均值 77.9%相当，这也充分说明了广东省，特别是珠三角地区是以外调能源为主的，2018 年的国外进口量接近总调入量的 1/2。因此，珠三角地区的能源供给今后也一定要坚持能源开放发展的原则，需推进能源基础设施一体化建设，确保大亚湾和岭澳核电站安全，促进能源结构合理化，确保能源输入；需促进珠三角与港澳经济/能源的互动关系、城市群内城市定位与能源流动的关系，为粤港澳发展提供新动能，为内地与港澳更紧密合作提供示范。同时，要充分发挥“一带一路”沿线国家能源合作的互补性，优化能源结构、平衡禀赋差异，既可解部分地区能源匮乏之困，又能打通制约经济发展的瓶颈。

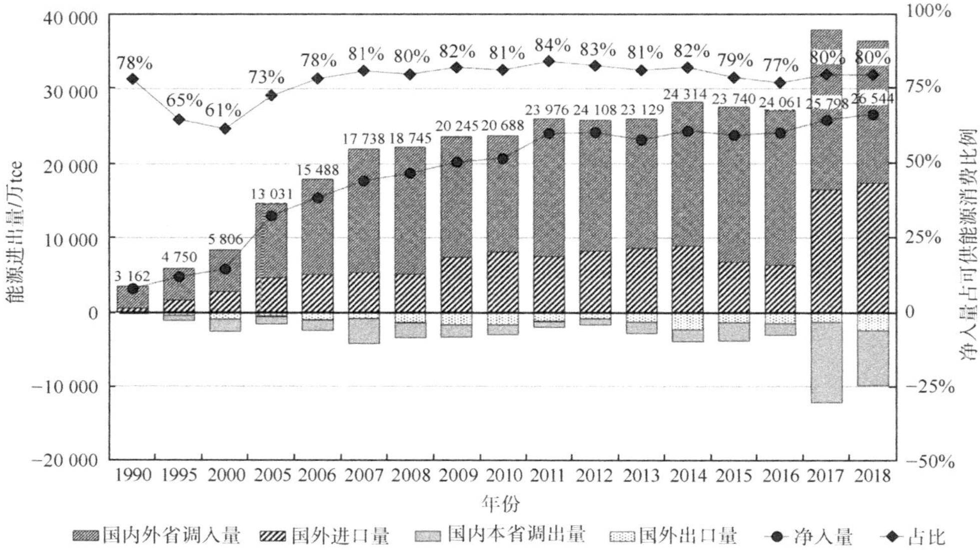

图 1-4　1990～2018 年广东省能源进出量变化

第四节　珠三角能源消费特点

一、能源消费总量及消费结构

2010～2018 年珠三角整个地区及各城市能源消费量变化数据显示（图 1-5），珠三角地区能源消费总量 2018 年达到 2.20 亿 tce，占广东省能源消费总量的 66.0%、占全国能源消费总量的 4.74%。珠三角的能源消费量从 2010 年到 2018 年约增长了 32.5%，年均增长率为 3.6%。2018 年各城市的能源消费量从大到小依次为广州、深圳、东莞、惠州、佛山、江门、中山、珠海、肇庆，其中位居前四位的广州为 6130 万 tce、深圳为 4405 万 tce、东莞为 3066 万 tce、惠州为 2612 万 tce。

珠三角地区能源消费总量占到广东省的 66%，因此可以从广东省的能源消费数据大致判断珠三角的能源消费情况。2000～2018 年广东省的能源消费结构数据显示（图 1-6），广东省的煤炭和油品占比从 2000 年开始整体呈现下降趋势，反观天然气及其他能源占比整体呈现上升趋势。煤炭和油品占比由 2000 年的 52.2% 和 35.0%下降到 2018 年的 37.2%和 28.1%。煤炭占比的下降表明广东省在贯彻落实大气污染防治和严格环保准入与污染物排放标准，加快落后产能淘汰，严格压减燃煤，实施煤炭消费总量控制，狠抓锅炉整治等措施。同时大力发展绿色低碳能源，天然气以及核电、水电、风电和光伏发电等其他能源到 2018 年已占到能源消费总量的 8.3%和 26.4%。

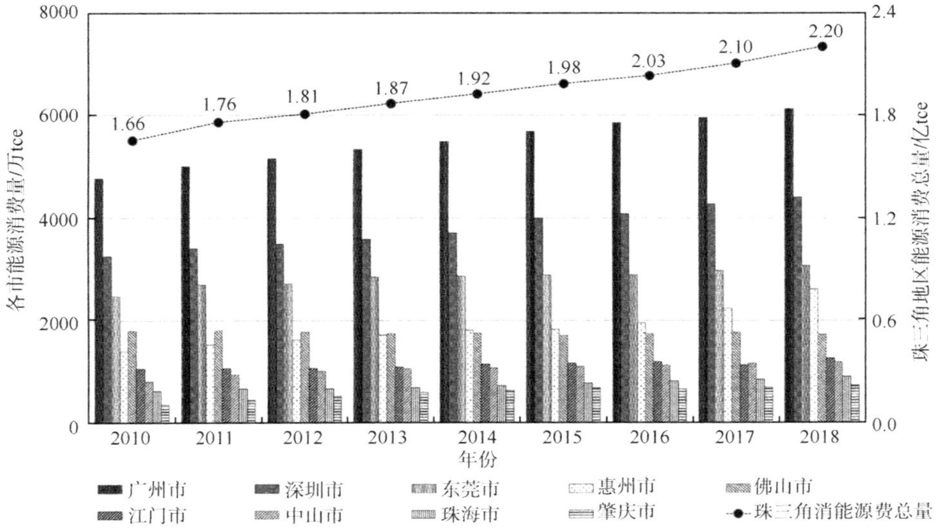

图 1-5 2010～2018 年珠三角地区及各市能源消费量

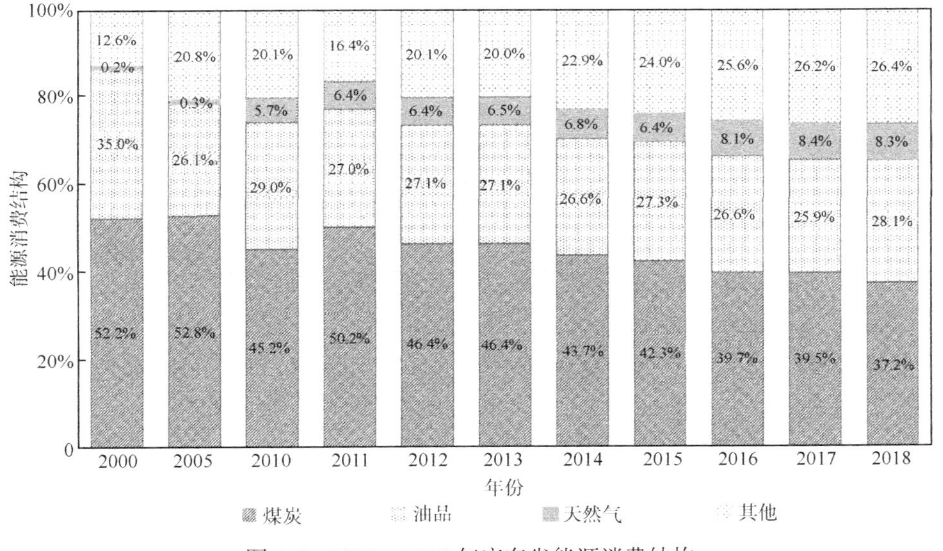

图 1-6 2000～2018 年广东省能源消费结构

二、产业能源消费结构

图 1-7 显示 2000～2018 年广东省产业能源消费占比情况。能源消费量在第一产业的占比从 2000 年的 3.89%下降到 2018 年的 1.88%，第二产业的占比也从 63.78%下降到 59.25%，而占比增加的第三产业和生活消费，由 32.33%增加

38.87%。从趋势来看，第一产业和第二产业的能源消费占比会继续降低，同时随着城镇化率的提高以及居民生活水平的不断提高，生活能源消费量会不断上升。

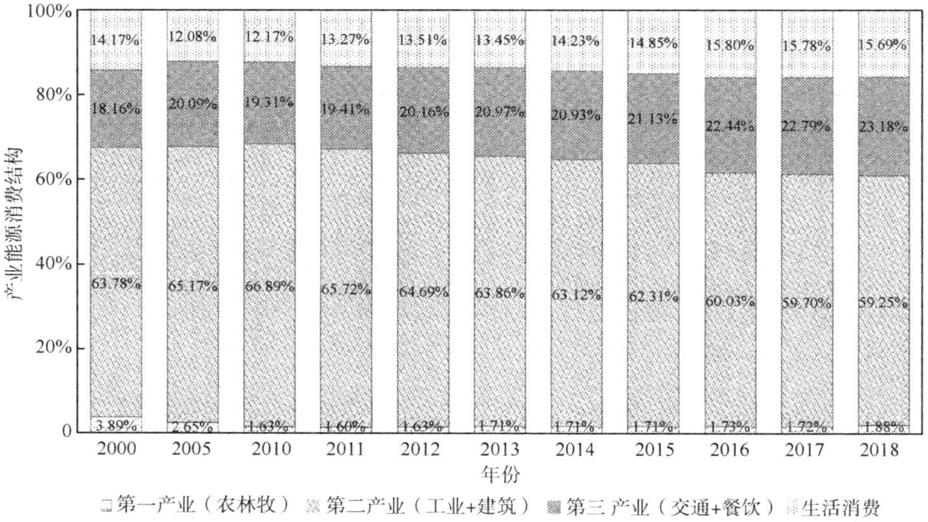

图 1-7　2000～2018 年广东省产业能源消费结构

珠三角各个城市有着各自的特点，如广州市为广东省会城市、经济中心，带动整个南方经济，影响东亚及东南亚；深圳市为经济特区、经济中心、中国信息技术（information technology，IT）中心、深圳证券交易所所在地等；东莞市被誉为世界工厂、世界制造业后花园、城镇化率较高的地区；惠州市为珠三角的石化中心和基础产业基地；佛山市为中国民营家电、家居、家具中心等；江门市为珠三角地区典型基础制造业和旅游城市、珠三角和广东西翼经济区的纽带；中山市为中国侨乡、海外贸易第一城；珠海市为经济特区、百岛之城；肇庆市为我国端砚产地、珠三角的高端农业基地等。表 1-1 汇总了珠三角各市优势产业及规划重点产业情况。

表 1-1　珠三角各市优势产业及规划重点产业情况

城市	目前产业特点	规划重点产业
广州	交通运输设备制造业（汽车制造）、石油化工业、信息技术产业、电气机械及器材制造业、生物医药业	信息技术产业、高端装备制造业、生物医药业、新材料产业、新能源产业
深圳	信息技术产业、生物医药业、金属制品及设备制造业	生物医药业、新能源产业、新材料产业
佛山	金属制品及设备制造业、电气机械及器材制造业（电器）、建材业（陶瓷）、纺织业、其他工业（家具、灯饰）	交通装备制造业、新能源产业、生物医药业、高端装备制造业、新材料产业
东莞	信息技术产业、电气机械及器材制造业、造纸印刷业、纺织业（纺织、服装）、石油化工业（化工）	高端装备制造业、生物医药业、新能源汽车制造业、节能环保装备制造业、新材料产业
惠州	石油化工业、信息技术产业、纺织业（服装、皮革）、建材业（水泥）、交通运输设备制造业（汽车零配件）	生物医药业

续表

城市	目前产业特点	规划重点产业
中山	信息技术产业、电气机械及器材制造业（电器）、石油化工业（化工）、其他工业（灯饰、家具）、金属制品及设备制造业（五金）、纺织业（服装）、生物医药业	高端装备制造业、生物医药业
珠海	信息技术产业、石油化工业、生物医药业、金属制品及设备制造业（五金、机械制造）	交通装备制造业
江门	其他工业（食品制造）、交通运输设备制造业（汽车、船舶）、金属制品及设备制造业（金属制品）、纺织业（纺织、服装）、造纸印刷业	交通装备制造业、新能源产业、高端装备制造业
肇庆	金属制品及设备制造业（金属制品）、建材业（水泥、陶瓷）、交通运输设备制造业（汽车零配件）、石油化工业（化工）、其他工业（农产品）	先进装备制造业、电子信息业、生物医药业

图 1-8 显示 2017 年珠三角地区分领域终端用能情况。2017 年珠三角地区工业用能 7930 万 tce、交通用能 5491 万 tce、电力用能 4423 万 tce、建筑用能 2239 万 tce。工业用能、交通用能、电力用能、建筑用能分别占 40%、27%、22%和 11%。

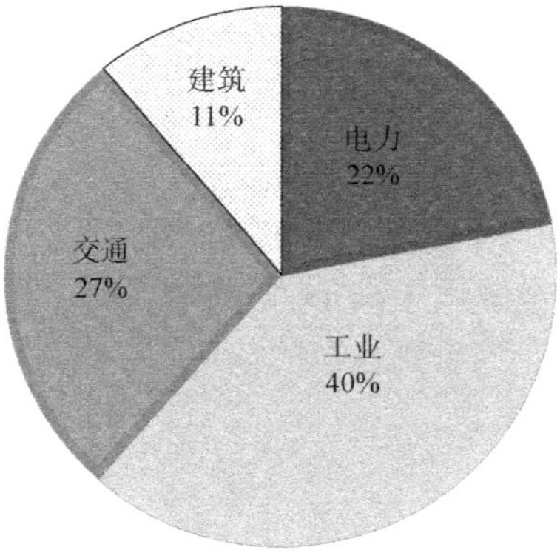

图 1-8 分领域终端用能情况

三、单位地区生产总值能耗和人均能耗

图 1-9 显示 2010～2018 年全国单位国内生产总值能耗、广东省以及珠三角的单位地区生产总值能耗对比情况。这一期间单位 GDP 能耗呈现下降趋势，全国单位国内生产总值能耗、广东省以及珠三角的单位地区生产总值能耗年均增长速度分别为 –6.8%、–5.8%和–5.9%。珠三角 2018 年的单位地区生产总值能耗为 0.27tce/万元，分别比全国和广东省低 46.0%和 20.6%。然而珠三角地区这一水平是东京湾区、旧金山湾区和纽约湾区的 2～3 倍。旧金山湾区超过 1/2 的电力由可再生能源提供，气电占总装机容量的比重也超过了 40%。东京湾区燃气发电所占比重达到 46%，煤电比

重只有 5%。珠三角目前的煤炭和煤电所占比例高，产业结构不合理等使得单位地区生产总值能耗高于其他湾区，因此提高能源利用效率发展潜力很大。

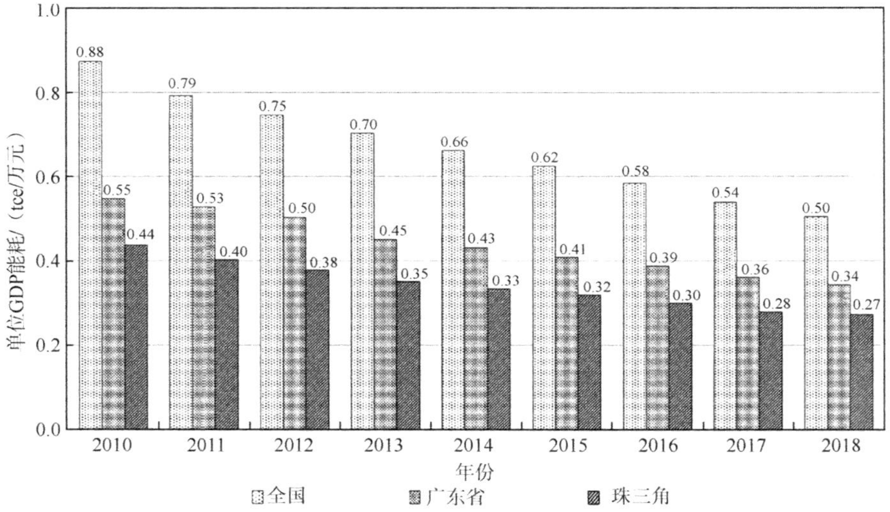

图 1-9 2010～2018 年全国、广东、珠三角地区单位 GDP 能耗比较

图 1-10 显示 2010～2018 年全国、广东省以及珠三角地区的人均能耗对比情况。这一期间，全国、广东省以及珠三角地区人均能耗整体均呈现出了增长趋势，人均能耗年均增长速度分别为 2.7%、2.4%和 2.1%。2018 年珠三角地区人均能耗为 3.49tce，相比广东省和全国水平高 18.7%和 4.8%。这也体现了珠三角地区相比粤东西北地区经济更发达、生活更富裕的情况。

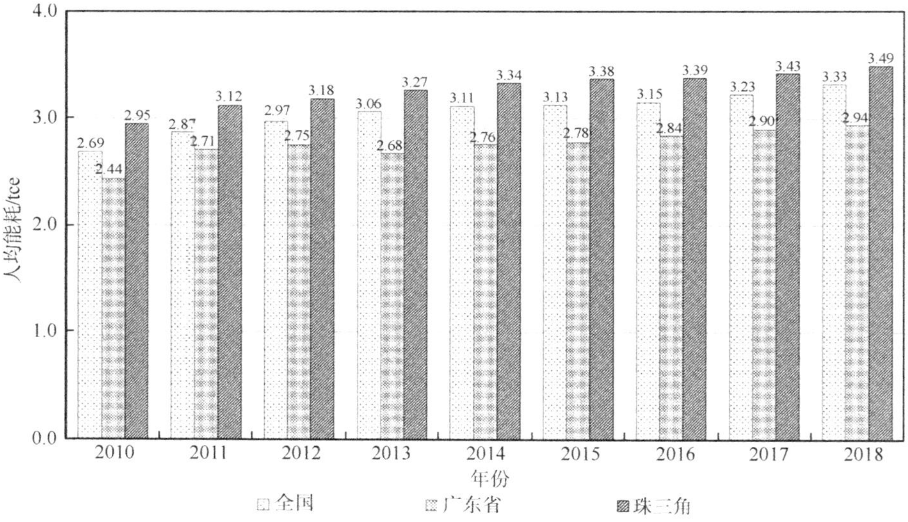

图 1-10 2010～2018 年全国、广东、珠三角地区人均能耗的比较

图 1-11 和图 1-12 显示 2018 年珠三角各市单位地区生产总值能耗与人均能耗的比较情况。因各城市经济发展阶段的不同，单位地区生产总值能耗水平存在较大差异。广州的单位地区生产总值能耗水平恰好接近珠三角地区的平均水平，小于平均水平的城市有深圳和佛山。惠州市单位地区生产总值能耗和人均能耗均最高，分别达到 0.64tce/万元和 5.41tce，这也说明了该市的石化、纺织及水泥等高能耗行业对能耗水平的影响。佛山市单位地区生产总值能耗则最低，其原因在于在重点领域节能、发展循环经济、推动清洁生产等方面取得的积极成效。人均能耗最低的肇庆市人口在珠三角地区最少，又拥有丰富的土地资源和生态资本，且正在大力发展新能源汽车、先进装备制造、节能环保主导产业和数字经济等战略性新兴产业。

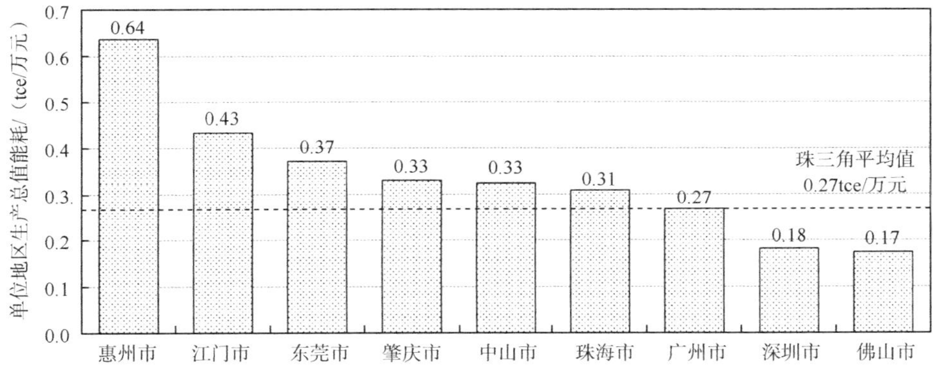

图 1-11　2018 年珠三角各市单位地区生产总值能耗比较

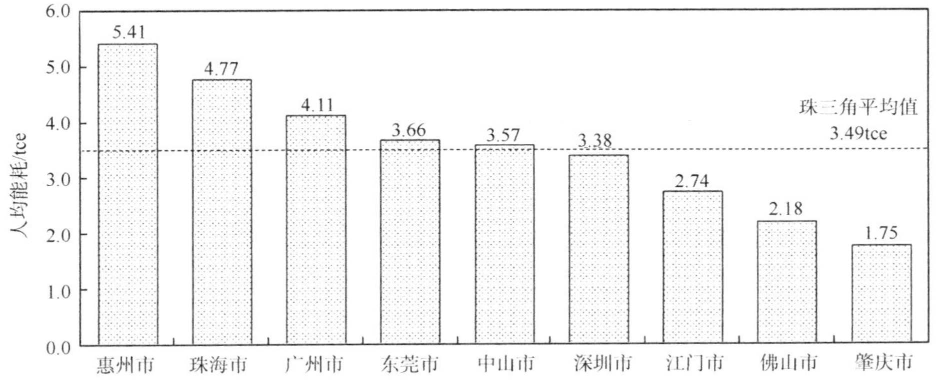

图 1-12　2018 年珠三角各市人均能耗比较

图 1-13 显示 2010～2018 年珠三角各市的电力消费情况。珠三角全社会用电量逐年增长，2010～2018 年电力消费量从 3066 亿 kW·h 增长到 4673 亿 kW·h，增长了 52.4%，人均用电量从 5459kW·h 增长至 7416kW·h，增长了 35.8%。珠三角

全社会用电量增长高于能源消费总量，电气化趋势明显，人均用电量仍将增长。

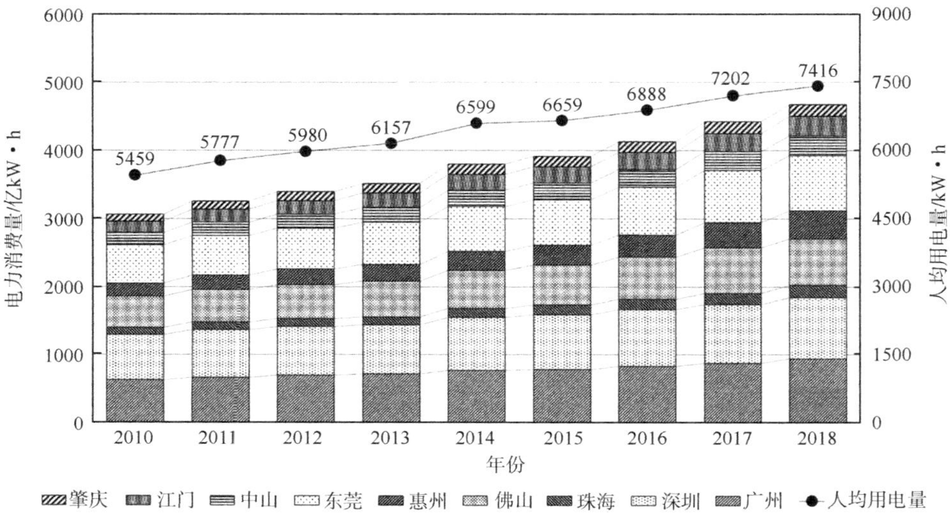

图 1-13 2010～2018 年珠三角各市电力消费情况

第五节 珠三角能源发展存在的问题

一、能源资源匮乏，对外依存度高

2018 年广东省能源自给率仅为 23.5%，能源对外依存度高达 76.5%，其中原煤、原油、天然气对外依存度分别为 100%、76.5%、45.4%。广东省全社会用电量为 6323.35 亿 kW·h，自给率为 72.3%，而珠三角地区电力自给率较广东省低，为 49.9%，严重依赖外部供电。

二、能源需求刚性增长与消费总量控制问题

“十三五”广东省实施能源消费总量和强度“双控”政策，并将控制指标分解到地市进行考核，目前除东莞的造纸厂自备电厂经煤改气措施落实后可完成能源消费总量控制目标外，其他城市，如广州、深圳、中山、佛山、肇庆、江门、珠海、惠州等都存在难以完成能源消费总量控制目标的问题。能源消费总量指标不够用，导致限制总量指标即限制了发展权，需要依据实际情况进行调整。各城市能源消费总量控制目标提出要考虑当地发展阶段，要和能效水平、单位地区生产

总值能耗挂钩。在未来粤港澳大湾区发展过程中，有必要通过控制能源消费总量目标来协调节能与发展的关系，有必要调整为控制煤炭或非化石能源消费总量的目标。

三、能源供给结构有待优化

天然气及非水可再生能源占比低，2018 年广东省天然气消费占比仅 8.3%，省内非水可再生能源占比仅为 1.2%。天然气及非水可再生能源占比均远低于经济合作与发展组织（Organisation for Economic Co-operation and Development，OECD）国家及美国、日本等发达国家。供电结构仍以煤炭发电为主，清洁能源供电装机比例不高，尤其是光伏、风电等可再生能源装机比例还有待提高。尽管光伏、风电由于能量密度较低、发电小时数不多等问题备受诟病，但在珠三角土地集约、局部供电薄弱、配网负载过高地区，可以结合工商业屋顶、建筑光伏一体化、电动车光储充融合等项目分散式布置大量可再生能源发电，在不影响绿色植被的条件下，开发新能源潜力较大。同时，在合适节点也可匹配固定式或移动式储能充电站，充分保障并提高电力系统的灵活性。

四、能源利用成本居高不下

珠三角地区所需的煤炭、石油、天然气及一次电力绝大部分需从国外或国内北方、西南能源基地采购，还需通过较复杂的组织、运输、传送才能抵达本地区使用。原料价格居高不下且传输过程成本较高，使得终端用户用能成本长期位居全国前列。以煤炭为例，煤炭价格自从 2016 年初经历了一轮快速上涨，之后一直维持在较高位置。以能源重化产业为主的上游省份得益于能源价格上行、经济回暖的同时，下游的制造业大省广东的企业利润空间受到明显挤压。能源“跷跷板”的效应再次在上下游省份之间显现。例如，佛山陶瓷企业由于用煤成本的上涨，目前将近有 1/3 的生产线已停产。

五、生态文明建设压力较大

工业制造业、交通运输业居多，为粤港澳大湾区空气环境带来较大影响，与国际湾区相比，$PM_{2.5}$、NO_x、SO_2 等污染物浓度较大，严重影响粤港澳大湾区的空气质量、城市形象、健康质量。以空气质量为例，粤港澳大湾区与世界其他三大湾区相比仍有一定差距。2017 年珠三角地区 $PM_{2.5}$ 年均浓度为 33μg/m^3，相比东京湾区 18μg/m^3、纽约湾区 7μg/m^3 和旧金山湾区 9μg/m^3 分别高出 83%、371%

和 267%。另外，碳排放达峰目标倒逼能源结构转型。广东省明确提出推动全省二氧化碳排放在全国率先达峰，力争珠三角城市群碳排放在全国、全省率先达峰。

六、能源体制机制有待进一步完善

目前，能源消费总量控制、能源双控、节能减排指标政策有待进一步完善，有必要制定科学的对标体系，在地区范围内，对不同等级的城市在量化考核方面有所区分，注重数量考核的同时兼顾质量考核，推动现代能源体系建设。在电网、天然气接收站及输送管网等能源基础设施供应保障问题上，有必要进一步深化市场化改革，在管住中间的同时，依据市场改革规则，由一个市场主体负责高压电网、高压管网等的建设及运行管理，逐步放开上下游的业务，形成多主体竞争，如上游 LNG 接收站的使用、增量配网的多主体建设及市场定价、上下游多主体供应及自由交易，有效对接需求及优化成本。也要通过顶层设计，有效落实推动能源管理体制机制的进一步市场化改革。

第二章　珠三角开放发展需要能源革命

第一节　珠三角开放发展的背景及内涵

一、珠三角开放发展的背景

1994年10月，广东省政府提出了“珠三角经济区”的概念，改革开放以来，珠三角地区在全国形成了先发优势和排头兵地位，率先在全国推行以市场为取向的改革，成为全国市场化程度高、市场体系最完备的地区。

进入21世纪，全球经济大格局形成了一大关键性变化，世界城镇化率在2008年跨越了50%的重要节点，从而国与国之间的合作与竞争，更多、更主要地表现为以重要城市及主要城市群为主体的竞争。2015年，珠三角超越日本东京都市圈，成为世界人口和面积最大的城市群。2017年，珠三角9市联合港澳打造粤港澳大湾区，成为世界第四大湾区，也是“一带一路”中“21世纪海上丝绸之路”的起点之一。因此，在大力推行“一带一路”经济建设深入发展的背景下，应依托香港、澳门作为自由开放经济体和广东作为改革开放排头兵的优势，继续深化改革、扩大开放，在构建经济高质量发展的体制机制方面走在全国前列、发挥示范引领作用，加快制度创新和先行先试，建设现代化经济体系，更好地融入全球市场体系，建成世界新兴产业、先进制造业和现代服务业基地，建设世界级城市群。

二、珠三角开放发展的内涵

在大力推行“一带一路”经济建设深入发展的背景下，作为五大国家级区域发展战略之一的粤港澳大湾区，其建设对于处在对外开放新格局下的中国显得尤为重要，共同培育对外开放新优势也是珠三角合作与开放的重要使命。在内部合作日趋完善的同时，也要放眼全球，寻求新的发展平台。因此，珠三角地区开放发展的内涵归结如下。

（1）推动珠三角新一轮发展。新一轮科技创新和产业革命时代的到来，将持续推动区域产业优化升级，以“广佛肇”“深莞惠”“珠中江”的区域一体化为切入点，推进珠三角地区内部一体化，使珠三角地区发展成为以战略性新兴产业为先导、以先进制造业为基础、以现代服务业为主体的强大的区域性国际经济中心，重塑经济空间结构，使产业结构靠近中高端，实现经济高增长。

（2）带动周边地区协同发展。在全面建成小康社会的进程中，珠三角一带历来是我国外向度最高的区域之一，各城市间地理位置相近，内部联系密切，并具备密集的工业体系。依托珠三角地区自身的发展优势，加大对粤东西北地区的市场开放度，通过联合产业园、经济飞地、姊妹城市联盟等模式，保证珠三角地区的产业向粤东西北地区扩散，辐射粤东西北发展，促进珠三角地区的产业结构升级和广东省区域经济协调发展，为粤港澳大湾区的区域整合做好基础铺垫。

（3）融合粤港澳大湾区建设。依托粤、港、澳三地地域接近、文化相通的天然地缘和人文优势，以及改革开放中广东省所处的桥头堡地位，进一步加强珠三角与港澳的合作。香港为国际金融、航运、贸易中心和国际航空枢纽，澳门是世界旅游休闲中心和中国与葡萄牙语国家商贸合作的服务平台，珠三角地区处于国际产业循环与国内产业循环的接合部，应主动融入粤港澳大湾区建设，发挥各区域优势，形成金融服务在香港、旅游休闲在澳门、研发试产在深圳、量产制造在珠三角的发展格局，促进粤港澳协同发展，为港澳经济社会发展以及港澳同胞到内地发展提供更多机会，保持港澳长期繁荣稳定。

（4）贡献全国社会经济发展。珠三角地区应积极融合粤港澳大湾区建设，通过粤港澳大湾区崛起，构筑珠三角经济地缘新格局和区域竞争新优势，拓展可持续发展战略空间，珠三角地区内强腹地、外接东盟，不仅加快了广西、湖南、江西等地的产业梯度转移，而且其产业要素将加速通达北部湾和南宁等地，有助于重塑周边经济，服务全国发展大局，为全国其他地区树立示范发展标杆，打造排头兵角色。

（5）服务“一带一路”建设。珠三角是“一带一路”建设的重要枢纽，广州等地是21世纪海上丝绸之路上的重要参与城市，应主动服务国家21世纪海上丝绸之路的建设需要。利用珠三角地区开放度高、经济实力强、辐射带动作用大的优势，通过区域双向开放，构筑丝绸之路经济带和21世纪海上丝绸之路对接融汇的重要支撑区，促进国际国内两个市场、两种资源有效对接，建立与国际接轨的开放型经济新体制，建设高水平参与国际经济合作的新平台。

（6）助力区域生态文明建设。在珠三角起步与发展初期，资本更多投向附加值低、能源消耗大，但短期回报率高的产业，已严重超出环境的承载能力和自净化能力，造成资源紧缺、环境污染、生态恶化的严峻形势。通过能源革命可以使高能耗、高污染行业向低碳绿色转型，能源革命是我国生态文明建设和能源转型的必然选择，在发展的同时，助力区域生态文明建设。

第二节　珠三角开放发展与能源革命

一、珠三角新一轮发展与能源革命

珠三角外向型经济发展模式以廉价的土地、劳动力和原材料为支撑。随着全国性人口“红利”的消失，珠三角制造业未来的发展将面临劳动力短缺的制约。土地供给日趋紧张，原材料价格不断上涨，对珠三角劳动密集型产业发展也是巨大的约束。因此，珠三角能否继续成为“世界工厂”正面临日益上升的成本压力。同时，创新驱动发展方式的形成面临路径依赖的挑战。创新驱动发展方式的形成是长期工程，短期难以见效。在粤东西北地区振兴发展和自贸区建设过程中，投资拉动经济增长的效果显著，要防止对投资驱动经济增长的路径依赖，而导致削弱创新的动机，延滞创新驱动发展方式的形成。另外，粤东西北承接珠三角地区的产业转移，将带动劳动密集型产业和资本密集型产业发展，值得注意的是，也有可能固化投入驱动发展模式。

经济新常态下转换发展动能，转变增长方式，调整经济结构，产业转型升级，企业提质增效，均将有利于推进经济发展方式低碳转型，有利于实现能源革命的战略目标。随着珠三角地区经济的快速增长和城市化建设的推动，钢铁、水泥等高能耗产业不断增加，同时能源利用效率较低，以能源消耗和环境破坏为代价的经济增长模式，已不能适应新形势下国家赋予珠三角地区的新的发展使命。从产业结构来说，应改变能源的利用方式，促进不同产业的发展，需要进行生产设备的研发和升级，做好污染物排放处理，同时也可以设计使用其他清洁型能源，在巩固、优化、提升加工制造业的基础上，加速高新科技产业和现代服务业比例上升，进而促进单位地区生产总值能耗加速下降。从用能角度来说，为满足绿色低碳生产，应加大可再生能源、无污染能源的使用，如增加对风能、太阳能、核能的利用等。

二、泛珠三角区域协同发展与能源革命

实施泛珠三角区域协同发展战略是指使九省二区的资源和优势整合起来，形成在资源、市场、人才、技术等各方面的优势互补，进一步强化和提升珠三角的竞争优势。这将有利于解决珠三角能源资源缺乏问题，提高珠三角经济社会的可持续发展能力。与国内其他地区相比，珠三角所在地区地域狭小，资源有限，不利于推动区域经济的持续快速发展。泛珠三角区域地域上横跨福建、江西、湖南、

广东、广西、海南、四川、贵州、云南九省（自治区）和香港、澳门两个特别行政区以及承接粤东西北地区，这些无疑将对珠三角参与可持续经济与能源发展，特别是参与全球经济竞争和获得持续发展能力提供必要的物质支持。因此，既需要地域协同发展，也需要畅通能源线路的联网互通。泛珠三角区域合作各方不断加强电力输送及煤炭、油气储运等能源项目合作，如2019～2020年，华润贺州电厂“贺电送粤”，每年向广东送电30亿kW·h；中国南方电网公司2019年上半年西电东送电量达到1029亿kW·h，其使得澳门输电第三通道等一批跨省区电网联网项目顺利投产。早在2010年广东省出台的《珠江三角洲基础设施建设一体化规划（2009—2020年）》，就提出要打破行政区划对电网建设的限制，消除区内电力输送瓶颈。加强跨区域输电通道建设，提高承接“西电东送”、粤东西北等区外电力大规模送入的能力，适当提高建设标准，增强跨区域送电的安全可靠性和抗风险能力。同时，加大农村电网和配电网投资力度，提升并统一城乡电网建设技术标准；优化电源结构和布局，积极推进电源结构向合理化、清洁化、低碳化和技术现代化等方向优化调整；完善一体化油品输送管网，完善珠三角成品油管网和加油站布局，逐步建成覆盖全省的一体化成品油管网和油品储备体系，增强成品油供应能力和应急保障能力；建设天然气“全省一张网”，多渠道拓展天然气资源，加快推进天然气主干管网“全省一张网”建设，逐步形成多气源供应的珠三角天然气主干管道内外环网；推进能源管理一体化，统筹规划珠三角的电源、电网、成品油管网、天然气管网等能源基础设施布局和建设。

三、粤港澳大湾区建设与能源革命

能源转型是保障粤港澳大湾区能源安全的重大需求，也是社会经济实现健康、快速、高质量发展的重要支撑，粤港澳大湾区迫切需要能源转型，建设清洁低碳、安全高效的能源体系。随着粤港澳三地经济融合的加快，科技创新驱动下的粤港澳大湾区经济融合发展和人口集聚将带来新的能源需求增量。在《粤港澳大湾区发展规划纲要》中明确提出：优化粤港澳大湾区能源结构和布局，建设清洁、低碳、安全、高效的能源供给体系，大力发展绿色低碳能源。立足粤港澳大湾区实际，借鉴全球经验，瞄准先进指标，探索以创新为驱动的能源转型方式。在多目标约束背景下，探索促进区域能源协调发展、提升生态环境质量、推进生态文明建设、提高应对气候变化韧性的能源转型道路。在“一国两制”背景下，探索粤港澳大湾区能源互联互通蓝图，建立互利共赢的能源合作新机制。粤港澳大湾区能源转型将为科技创新和新兴产业发展创造巨大的空间载体和市场，如工业4.0智慧能源系统、智能制造与高端装备、零碳建筑、能源利用新技术等。国际上能源政治、能源外交日趋重要和活跃，粤港澳大湾区能源转型将为推进“一带一路”建设提供开放平台和合作纽带等。在能源利用和开发方面，应依托香港、澳门、广州、深圳等中心城市的科研资源优势和高新技术产业基础，培育壮大新能源、节能环保、新能源汽车等产业，形成以节能环保技术研发和总部基地为核心的产业集聚带，普及和推广先进高效节能技术和先进能源技术，将技术优势转化为产业优势和经济优势。

四、珠三角社会经济发展与能源革命

珠三角与京津冀、长三角共同构成了我国经济发展的三大引擎，也是亚太地区具有影响力的经济体之一。随着粤港澳大湾区概念上升到国家战略层面，珠三角的产业发展将成为下一轮粤港澳大湾区社会经济腾飞的核心驱动力。在此背景下，珠三角未来前景可从三个方面予以期待：一是从城市发展维度，建设世界级湾区，塑造一流城市群，将呈现连片城市化的大都市圈格局，如构成“1 小时城市轨道圈”等，珠三角日益发展成为一个多中心、能源多网络化覆盖的超级城市群。二是从产业角度，生产要素高度集中，将形成多元平台。产业辐射发展层将形成以高端研发、金融服务为核心的现代服务业的内核层（香港—深圳—广州—珠海—澳门）、以先进制造业为支撑的辐射圈（东莞—佛山—中山）、以特色产业为驱动的外援（惠州—江门—肇庆）。这些多元的产业体系需要协同、开放的能源体系的支撑。三是从生活维度，消费的升级将促进宜居宜业的环境改善。珠三角地区是一个多元、包容的大都市圈，其要满足不同群体的个性化要求。因此，珠三角的发展更加注重经济产业布局、城市功能与能源资源，形成有机、和谐、可持续的发展格局。另外，珠三角社会经济发展的动能是以宽松的营商环境、强大的制造业根基和高度的产业集聚为基础的。这也使得在体制机制、绿色集约化发展、主体功能区规划等方面形成了可借鉴经验，不仅推动了珠三角地区的发展，也为全国的经济社会发展提供了样板。

五、“一带一路”建设与能源革命

珠三角地区要建设富有活力和国际竞争力的一流地区和世界级城市群，为能源电力发展带来了巨大机遇，也提出了高质量发展的新要求。同时，珠三角地区的能源需求将呈现清洁低碳水平高、安全保障要求高、用能需求多样化等特点。“一带一路”倡议的提出与发展，为区域社会经济发展提供了较好的发展平台与合作机制，尤其在能源产业跨境合作方面效果显著。近年来，我国能源产业发展较快，技术创新能力不断增强，基础设施建设不断深化，但仍存在着能源资源分布不合理、可持续发展能力不足等现实问题。珠三角地区应积极借助“一带一路”发展契机，深化能源产业跨境合作，实施能源开放合作工程，拓展能源供应渠道和发展空间，充分利用“一带一路”建设机遇，加强与东南亚、澳大利亚和法国等国家和地区合作，进一步扩大境外能源资源利用，积极参与境外油气、煤炭、电力、天然铀等领域的勘探开发和投资，推进能源装备、技术和贸易“走出去”，建成国家能源运转枢纽和南方区域能源运转中心，推动能源产业高效、绿色、可持续发展。

六、珠三角生态保护与能源革命

目前，珠三角地区生态环境质量与国际大湾区仍存在一定的差距，低端产业存量大、工业结构性污染问题依然突出，另外，能源利用与国际先进水平差距较大，单位地区生产总值能耗是美国、日本等发达国家平均水平的1.5～2.5倍。应树立绿色发展理念，推动形成绿色低碳的生产生活方式，当能源技术发生重要变化，清洁能源技术的成本迅速下降，新型信息技术和通信技术在能源体系中得到越来越多的应用，新的能源载体具有足够的灵活性，能提供一系列更为复杂的服务和最终用途时，也会发生能源转型。例如，智能化电网能够通过微电网、智能用电小区、智能楼宇建设和智能电表应用，实现用户与电力系统互动，能够准确地提供各终端用户的用电信息，实现可再生能源发电的上网。珠三角地区已初步形成大数据、新材料、新能源、绿色建筑、先进装备制造等产业集群，是我国新能源产业发展的先行者，在风电、太阳能、生物质能、核电等领域已初步形成较为完整的产业链。在技术研发方面，以绿色低碳为主攻方向，加快非化石能源开发和装备制造技术、化石能源清洁开发利用技术的应用、推广、研究。

国际上越来越重视能源结构的低碳化，我国也更加强调煤炭清洁高效开发利用以及新能源和可再生能源的科学发展，《粤港澳大湾区发展规划纲要》指出要建设生态安全、环境优美、社会安定、文化繁荣的美丽湾区。社会对清洁能源的需要也正在促进能源转型。因此，珠三角所在粤港澳大湾区要陆海统筹，在发展本土海洋油气、海上风电、陆上风电光伏、生物质垃圾热电、地热等的基础上，大力协助西南省份消纳各种可再生绿色电力，大力推动用燃气电厂替代燃煤电厂，坚定走低碳绿色能源发展之路，力争2035年粤港澳大湾区煤炭煤电清零，赶上世界上其他湾区能源清洁化发展步伐。应立足实现增量需求主要依靠清洁能源，大力发展清洁能源，大幅增加生产供应，推动清洁能源成为能源增量主体，开启低碳供应新时代，这成为中国能效与低碳绿色能源利用的制高点。

第三节　珠三角开放发展对能源革命的要求

一、解决能源发展不平衡不协调问题

珠三角地区能源结构优化任务仍然艰巨。2018 年，广东省一次能源结构中煤炭、石油、天然气、一次电力及其他的比例分别为 37.2%、28.1%、8.3%、26.4%，2013～2018 年煤炭比重下降 11.2 个百分点，煤炭消费总量有所下降，天然气比例增长较慢，能源供应结构优化不明显。分部门能源消费结构中，2018 年第二产业能源消费约占到 60%，第三产业和交通建筑用能增长显著。提高天然气利用比例是近中期珠三角地区能源结构调整的关键，但天然气来源、输配储设施、大规模利用模式、价格机制等方面目前都存在发展障碍。全面提升新能源质量水平是未来珠三角地区的主攻方向，广东省地处东南沿海，风能、太阳能等可再生能源比较丰富，可积极开发陆上风能资源和海上风能资源，大力开发太阳能和生物质能等可循环利用的清洁能源，促使能源消费结构逐渐合理化，促进节能减排，但光伏发电以及海上风电等项目目前还存在经济效益低、发电不稳定等问题。

二、解决主体功能区合理规划和配置问题

主体功能区即各地区所具有的、代表该地区核心功能的区域，广东省域范围主体功能区包括优化开发、重点开发、限制开发和禁止开发四类区域，其中，珠三角地区是广东省域范围的优化开发区域，是城市和工业发展的主要地区。而广东省风电主要在沿海地区和粤北、粤西海拔较高山区，光伏发电主要在粤东、粤西沿海地区，是主要的能源集聚区。通过城乡协调发展，推进能源基础设施一体化建设，珠三角地区作为新能源产业的集聚地，可为其他地区提供技术支撑，促使能源和经济双向流通，使珠三角、东翼、西翼以及山区优势互补，缩小各区域的差距。

三、解决多元化发展所需的多能互补能源建设问题

构建多能互补集成优化系统，有利于提高能源供需协调能力，推动能源清洁生产和就近消纳，通过天然气冷、热、电三联供，分布式光伏发电，以及风光储联运，实现多能协同供应和能源综合梯级利用，尽可能地将新能源在本地消纳，以产业延伸、更新和多元化发展为路径，打造安全、绿色、集约、高效的现代能

源体系和清洁能源供应体系。珠三角地区融合粤港澳大湾区建设，顺应了区域经济一体化、新一轮对外开放的发展趋势。在能源供给方面，粤港澳大湾区所有城市的电力都需要外供，来源为省外西电以及由粤东西北调入。近年来香港和澳门的石油主要依赖内地供应。2018 年广东省一次能源消费总量为 30 155 万 tce，能源生产总量仅为 7079 万 tce，占能源消费总量的 23.48%，是典型的资源输入型省份。珠三角地区借助地缘优势，是粤港澳大湾区的接合部，可充分利用西南地区云南、四川、贵州的水电，贵州的火电，以及西部地区丰富的可再生能源，这些地区能够提供更多可选择的能源产品和服务，满足粤港澳大湾区发展多样性的需求，有利于其他地区大力拓展新能源消纳的空间。

四、解决能源供需平衡时期经济新增长动力问题

能源供给一直都是制约我国经济发展的因素之一，形成了“能源饥渴”症。因此，保障煤、电、油、运的供应是每一届政府的重要任务，努力增加国内能源供给成为工作常态。城镇化与工业化进程的结束意味着能源需求快速增长的过程也将结束，能源不再是我国经济发展的瓶颈，供给和需求之间能够实现平衡。市场供应充裕，大幅度降低了能源价格，为能源供给侧结构性改革提供了基础条件。中国经济发展进入新常态，有利于中国调整能源生产结构，减缓煤炭生产对资源和环境造成的压力，未来生活能源的重点是清洁化，即由污染物排放较多的煤炭转向清洁的天然气、可再生能源和电力。2009 年中国可再生能源投资额从 2008 年的 2 亿美元增至 3 亿美元，到 2017 年，全球可再生能源投资总额中，中国占比近 1/3，是占比最高的国家。2015～2017 年，广东省新增清洁能源项目投资总额约 1474 亿元，资金均为企业自筹。

五、解决能源资源优化配置及供给安全保障问题

“一带一路”能源合作既要满足能源供给国的油气输出需求，又要实现能源消费国的能源保障需要，还要通过能源产业合作带动各方经济全面发展。过度依托国内能源资源就会导致国内资源过快消耗，在国内石油资源难有新的重大发现，煤炭资源逐步消耗，天然气储量没有重大发现，以及页岩气开发成本仍然较高的情况下，利用国际市场能源价格较低的有利时机，实现中国能源组合的优化，可有效降低整体能源成本，有助于中国经济更为平衡地发展。目前我国新能源企业积极出海布局，并且在水电、光伏、风电、太阳能热利用等领域，已与全球 80 多个国家开展了合作。珠三角地区指向的是 21 世纪海上丝绸之路始发站、面向东南亚桥头堡，同时对内陆西南地区和华南地区发挥引领作用，围绕东南亚能源产

业合作，开展电力互联互通，通过技术输出、参与基础设施建设、海外项目投资等，积极融入“一带一路”建设，促进国际国内两个市场、两种资源有效对接，使我国的能源战略考量、海外能源利益和能源安全保障需求不断增强。

六、解决高能耗高污染行业向绿色转型问题

能源革命的基本原则是健康和可持续发展，三次能源革命均朝着更加清洁、更加便利使用的方向发展。珠三角地区的产业主要以国外“空降”、接受国外的产业转移为主，造成产业结构的不稳定和一部分生产资料的稀缺，同时近年来珠三角地区进行了产业结构升级，重工业发展迅速，经济发展中呈现出高能耗、高投入、高排放、低产出的粗放型经济增长特点。广东省一次能源消费总量一直在增长，2018 年广东省能源消费结构中原煤的比重仍占 37.2%，珠三角地区的电力消费结构中，煤电超过 50%。因此，随着经济发展，珠三角正在加速产业结构的优化升级，对于投资的选择更加明确，应引进技术含量高、外溢效果强、绿色产业关联性高的优质项目，应更加注重在可再生能源装备制造等方面的研发投入，提高风电、太阳能、生物质能、核电装备制造的核心竞争力，注重在新材料、新一代信息技术等适合广东可再生能源发展的战略性新兴产业方面的投入。

第三章　能源革命的推动作用与情景分析

第一节　能源革命的基本思路与内涵

一、能源革命的基本思路

珠三角为粤港澳大湾区的主要地区，应以能源生产和消费革命作为引领，推动珠三角地区的能源向清洁、低碳、安全、高效的总体趋势发展，其能源革命的基本思路可归结为存量优化、增量革命、用能转型、智慧管理四个方面。

（一）存量优化

能源生产要优存量，把推动煤炭清洁高效开发利用作为能源转型发展的立足点和首要任务。坚持技术引领，淘汰化石能源落后产能，优化火电，大力推进存量机组的升级改造和淘汰落后产能，重视各类节能降耗减排的新技术、新设备在技术改造中的应用，统筹推进区域热电冷联供和清洁发电示范工程。必须抓住机遇，贯彻落实新发展理念，以供给侧结构性改革为主线，积极推动能源消费、供给、技术、体制革命和国际合作，优化能源结构，努力补上能源发展中的资源环境约束、质量效益不高、基础设施薄弱、关键技术缺乏等诸多短板，提升能源产业竞争力，构建清洁、低碳、安全、高效的现代能源体系，更好地支撑中国经济持续稳定发展。

（二）增量革命

能源消费也要拓增量，加快提升水能、风能、太阳能、生物质能等可再生能源比重，安全高效地发展核能，优化能源生产布局。新增能源全面使用非化石能源，鼓励天然气勘探、开发、投资多元化，超前谋划水电、核电发展，稳步推进风电、太阳能等可再生能源发展，重点建设风力和太阳能利用工程。能源消费要抓好总量和强度双控制，综合运用经济、法律和必要的行政手段，聚焦工业、建筑、交通等重点领域切实推进节能减排，通过淘汰落后产能、加快传统产业升级改造和培育新动能，提高能源效率，推动形成注重节能的生活方式和社会风尚。

（三）用能转型

珠三角地区的用能转型是指以清洁、低碳、安全、高效作为目标，未来交通、建筑、工业、生活用能的重点是清洁化，即由污染物排放较多的煤炭转向清洁的天然气、可再生能源和电力，满足生态环境绿色发展的需求。清洁是指降低能源生产对大气、水和土产生的污染，涉及燃料的清洁化等；低碳是指减少化石燃料产生的温室气体排放量，涉及提高非化石能源发电比例等；安全是指在保障能源系统安全的基础上，燃料品种和电网结构更加多元化，涉及自给率、空间布局和储能等；高效是指发电系统的能源效率更高、经济效益更好等。

（四）智慧管理

珠三角应该抓住能源转型带来的巨大市场机遇，在绿色低碳新市场中抢增量，在消费需求升级中提升生产经营服务水平，布局前沿能源科技、提升创新驱动能力，拥抱“互联网+”智慧能源及其带来的新技术、新模式和新业态，培育自身的核心竞争力，推动由单一能源供应商向清洁、低碳、智慧的综合能源服务商转型。推进光伏发电、风电系统集成设计优化和智能运行维护，提高能源利用效率，加快省、市、企业三级能源管理中心平台建设，发展节能低碳、智能高效的交通系统，建设完善省碳排放管理和交易系统。

二、能源革命的内涵

根据能源消费革命、能源供给革命、能源技术革命、能源体制革命等推进能源革命的四个方面，形成推动能源革命的驱动力，采取技术可行、经济合理、社会可接受的技术和政策措施，大幅提高能源效率，明显优化能源结构。珠三角具有条件实现上述四个方面的革命，并在国家能源革命中扮演着重要角色。

（一）能源消费革命

强化约束性指标管理，同步推进产业结构和能源消费结构调整，减少系统低效和周期性浪费，推动经济社会实现绿色、高效、低碳发展。珠三角已经建立起完善的以控制能源消费总量和强度为核心，完善措施、强化手段，全社会共同治理的能源总量管理体系，广州、深圳等已经宣布至2025年率先实现碳峰值目标。

（二）能源供给革命

建立多元能源供应系统，推进煤炭清洁高效利用，技术的进步让可再生能源不断变得具有竞争力，推动低碳清洁能源成为能源供应主体，形成多轮驱动、安全可持续的能源供应体系。珠三角应大力发展绿色低碳能源，加快天然气和可再生能源利用，推动清洁能源成为能源增量主体。

（三）能源技术革命

立足自主创新，既要立足国情，又要紧跟国际能源技术的步伐，以绿色低碳为主攻方向，推动技术集成，加强能源利用技术与互联网、新材料技术等融合发展，将技术优势转化为经济优势，培育能源技术及关联产业升级的新增长点。珠三角应强化自主创新，加快非化石能源开发和装备制造技术、化石能源清洁开发利用技术等方面的研究，推动工业、建筑、交通、电力等领域的能效水平，尽快达到世界先进水平。

（四）能源体制革命

把能源、环境作为最重要的民生产品，深化法治、市场和政府改革，加快形成统一开放、竞争有序的市场体系，充分发挥市场配置资源的决定性作用和更好地发挥政府作用。以节约、多元、高效为目标，创新能源宏观调控机制，健全科学监管体系，完善能源法律法规，构建激励创新的体制机制，打通能源发展快车道。珠三角应坚持社会主义市场经济改革方向，加快形成企业自主经营、消费者自由选择、商品和要素自由流动的能源市场体系。

第二节　能源革命对珠三角开放发展的推动作用

一、能源革命推动珠三角新一轮发展

新一轮的能源革命有利于转变经济增长方式，加快产业结构调整和优化，降低高能耗产业比重，使制造业呈现出智能化、绿色化和服务化发展的新特点。一是在能源转型过程中，工业、交通、建筑、电力等国民经济关键部门的用能方式发生改变，并创造出新的产业需求、牵引产业创新，使节能环保产业发展壮大成为新兴产业中的重要力量，是经济发展的新增长点。珠三角地区为了促进单位地区生产总值能耗加速下降，新常态下必将使企业走新型工业化发展道路，发展模式由资源和要素投入驱动的“加工型”向知识和技术创新驱动的“价值型”转变，

从而促进产业升级，带动技术改造和革新，提高能源利用效率。二是珠三角是典型的能源输入型地区，应鼓励支持可再生能源的开发应用，加大研发资金投入力度，催生技术创新，推动一系列能源科技创新工作，驱动先进技术研发与集成，突破“卡脖子”问题，使智慧能源、能源互联网等新技术在能源领域得到应用，开创分布式、可移动能源发展的新用能模式，把能源技术及其关联产业培育成带动珠三角产业升级的另一个新增长点。

二、能源革命带动周边地区的协同发展

为确保能源消费总量增速与珠三角地区经济发展速度相协调，要大力发展高科技产业，加快珠三角地区向广东省东西两翼地区和山区的产业梯度转移，保证产业发展的协调性和可持续性，从而降低单位产值的综合能耗。同时还应充分发挥东西两翼沿海地区的港口优势，建设沿海清洁能源基地，依托深圳、中山、佛山、东莞新能源产业基地，有序推进东西两翼沿海大型骨干支撑电源建设，促进能源结构合理化，确保能源输入。通过经济和能源交流，促进珠三角、东翼、西翼以及山区优势互补，缩小各区域的差距，促进粤东西北经济发展，也可以提高珠三角地区的能源安全保障。

三、能源革命推动粤港澳大湾区建设

能源需求的变化受经济增长、人口规模扩大和工业化发展的驱动。国内外很多学者认为能源需求与经济增长和人口规模呈正向关系，即能源需求会随着经济的增长、人口数量的增加而增加，基于此观点，粤港澳大湾区经济社会的发展也将形成巨量的能源消费需求。粤港澳大湾区的经济社会发展对能源的需求体现在以下几个方面：一是粤港澳大湾区的经济规模大，能源需求也将呈现几何增长；二是粤港澳大湾区，特别是珠三角地区的制造业占比大，油气需求将长期存在；三是随着城镇人口的继续增长以及人们收入的增加，生活能源需求也会提高；四是粤港澳大湾区内的生态发展区和重要农产品区对农村人口、现代农业发展的需求将长期存在，农村能源转型需要重视；五是为了实现建设生态优美的国际一流湾区的发展目标，必须坚持发展绿色和低碳能源。

粤港澳大湾区应能源供需协同调配，推进城市群经济协同发展，突破行政区划制约，能源优势和经济优势互补协同，实现比粤港澳大湾区城市各自为政更大的竞争力和经济活力。因此，珠三角要抓住粤港澳经济一体化的机遇，深化与港澳全面的务实合作，促进人员、物资、资金、信息便捷有序流动，进一步拓展服务业发展空间，特别关注文化创意、现代金融业、现代物流业、现代旅游、会展

业等现代服务业发展，从而带动生产服务业和生活服务业全面发展，对标国际湾区相关指标，促进珠三角与港澳经济和能源互动的关系、城市群内城市定位与能源流动的关系，为粤港澳发展提供新动能，为内地与港澳更紧密合作提供示范。

四、能源革命推动全国社会经济发展

珠三角是全国新一轮改革开放的先行地，正在主动适应和积极引领经济发展新常态，加快体制机制改革，统筹综合配套改革试点、开放平台建设，率先在利用外资、人才引进、科技合作等方面取得突破，进一步扩大对内对外开放，持续激发改革开放发展潜力，形成可复制、可推广的新经验、新模式，建设成为开放先行地，为全国社会经济发展起到推动作用。单位地区生产总值能耗反映能源的利用效率，可以体现出一个地区的经济发展水平、产业结构和技术进步的综合作用。经济较发达的珠三角地区能源发展与经济发展的协调性优于国内三大城市群中京津冀地区和长三角地区，但相比国际湾区，如东京湾区、旧金山湾区和纽约湾区的经济和能源发展水平还有一定差距（图 3-1）。数据显示，2018 年珠三角单位地区生产总值能耗为 0.272tce/万元，这一水平低于长三角地区的 0.505tce/万元和京津冀地区的 0.542tce/万元。而与国际湾区相比，分别是 2016 年东京湾区、旧金山湾区和纽约湾区的 2.75 倍、1.80 倍和 1.83 倍。另外，世界银行的数据显示，以 2011 年不变价计算，2017 年全球平均消耗每千克油当量，可创造 7.89 美元的生产总值，高收入国家可创造 8.8 美元，而珠三角仅能创造 5.7 美元。由此可见，在经济发展、能源结构调整以及产业结构优化等多种因素的共同作用下，珠三角地区的能源效率有了较大的提升，但单位能耗创造生产总值的效率相比全球其他国家仍有一定差距，仍有较大的上升空间。

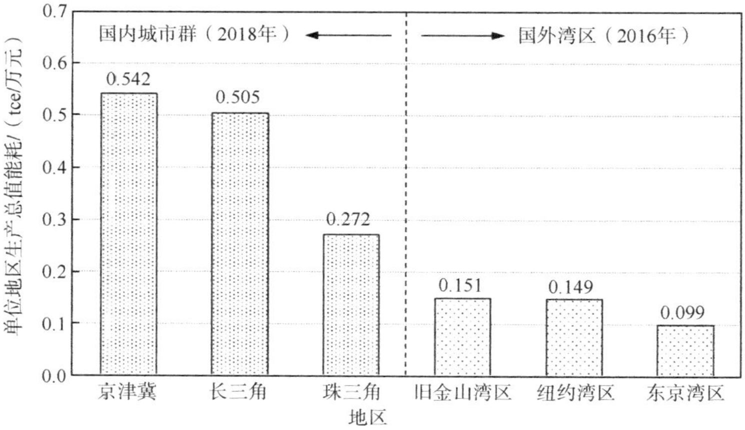

图 3-1　珠三角地区与国内外其他地区单位地区生产总值能耗的比较

五、能源革命服务“一带一路”建设

2015年9月26日，习近平在联合国发展峰会上提出，中国倡议探讨构建全球能源互联网，推动以清洁和绿色方式满足全球电力需求①。此倡议在积极推动我国能源生产和消费革命的基础上，为人类解决能源枯竭和环境污染问题提供了崭新选择，也为“一带一路”倡议中能源的合作发展指明了方向，描绘出全球能源互联网发展的美好蓝图。“一带一路”沿线国家资源禀赋各异，经济和能源互补性很强，彼此合作潜力和空间巨大。作为世界上最大的商品出口国，我国的经济活动是世界经济的重要组成部分，能源革命能带动绿色低碳产品突破国际贸易壁垒，促进绿色低碳产业走出去。在“一带一路”沿线与我国开展能源合作的多数能源供给国，除能源产业以外的制造业、服务业等产业发展程度不高，技术水平和资金支持不足，产业结构不合理，但是拥有丰富的自然与人力资源，有着巨大的产业发展需求，珠三角地区应发挥其在金融、制造业、电子科技、服务业等方面的优势，将这些资金技术优势转化为务实合作，鼓励国内企业和金融机构通过合作、合资等方式，在境外合作建立产业科技园区、经贸合作区和分支机构等，带动“一带一路”沿线国家产业升级与产业链条的延伸，促进这些国家的经济快速全面发展。

六、能源革命助力区域生态保护

气候变化问题的实质是能源问题，化石能源消费也是温室气体CO_2等的主要排放来源，化石能源消费推动了经济发展，但同时也带来了环境的恶化。从环境需求看，珠三角所在的粤港澳大湾区2017年的$PM_{2.5}$年均浓度为33μg/m^3，而纽约湾区为7μg/m^3，旧金山湾区为9μg/m^3，东京湾区为18μg/m^3，世界卫生组织也把$PM_{2.5}$年均浓度低于20μg/m^{3}作为了安全指标，因此珠三角地区的空气质量与国际地区及标准水平还有一定差距。为了实现建设生态优美的、国际一流的粤港澳大湾区的发展目标，未来粤港澳大湾区在经济体量巨量增长的同时，必须坚持能源绿色低碳发展。从能源安全看，能源安全是保持经济发展的重要保障，如果能源供给增长速度滞后于能源需求增速，整个宏观经济的增长必将受到重大影响。目前粤港澳大湾区能源供需矛盾突出、能源结构不理想、能源管理问题、能源利用率低等仍然存在，应积极制定能源安全发展战略，在资源约束下，提高各行各业的能源安全意识，使经济可持续发展与能源安全问题相协调。因此，在珠三角新一轮发展中，能源革命有助于能源由高碳向低碳发展，煤炭向油气、油气

① 新华网. 习近平出席联合国发展峰会并发表重要讲话. http://www.xinhuanet.com/politics/2015-09/27/c_1116687800.htm[2015-09-27].

向新能源发展的过程中，各类型能源所产生的污染量和碳排放量将越来越低，而水电、风电、核能、太阳能等新型能源几乎不含碳，是清洁、低碳、安全的能源供应体系，有助于保护和修复环境，减少污染物排放，控制温室气体排放，改善生态环境，适应和满足了生态环境绿色发展的需求。

第三节　珠三角中长期能源发展情景

一、研究思路和方法

基于能源革命战略考虑，建成清洁、低碳、安全、高效的能源体系将成为长期目标。清洁是指重点推进化石能源，特别是煤炭的科学开发和清洁利用，提高煤炭使用的集中度，实现了清洁高效利用的煤炭也是清洁能源；低碳是指在提高非化石能源消费占比的同时，将节能减排和提高能效作为当前中国低碳化进程中的重中之重，同时旗帜鲜明地坚持和维护《巴黎协定》的共区原则，保证中国合理的发展权；安全包括能源供应、生态环境、科技经济等方面，在当前油气对外依存度不断攀升、地缘政治风云变幻的形势下，更要用战略的眼光看待煤基燃料，如煤制油、气以及煤基化学品，烯烃、芳烃等对石油、天然气的部分替代，应在规划中给予部署和支持；高效是指能源生产、转化、利用的效率都要提高，坚持节约优先、保护优先，形成节约资源和保护环境的空间格局、产业结构、生产方式、生活方式，实现绿色低碳循环发展。

珠三角能源发展情景分析主要参考了《粤港澳大湾区能源转型中长期情景研究》项目所采用的情景分析方法，为实现珠三角地区能源发展清洁、低碳、安全、高效的目标，提出了可行的能源转型路径。本书开展珠三角地区能源转型情景分析的思路如图 3-2 所示。以珠三角 9 市为研究对象，首先通过文献调研和实地调研掌握城市级的能源基础数据；结合珠三角各产业的能源消费特征，将各城市的能源供需数据归纳为电力、工业、交通和建筑四个领域，构成珠三角能源体系；在此基础上，在既定的社会经济发展目标下，根据各城市四领域能源发展的特点及规划战略，分别设置三种能源发展情景，即基准情景、能源转型情景和深度转型情景。基准情景主要是多项“十三五”规划提出的目标与政策的延续，能源转型情景以完成《粤港澳大湾区发展规划纲要》对粤港澳大湾区及珠三角建设的要求为目标，深度转型情景以赶上或超过国际成熟湾区的能源体系水平为目标。本书主要在能源转型情景下提出珠三角开放发展的方向和路径。

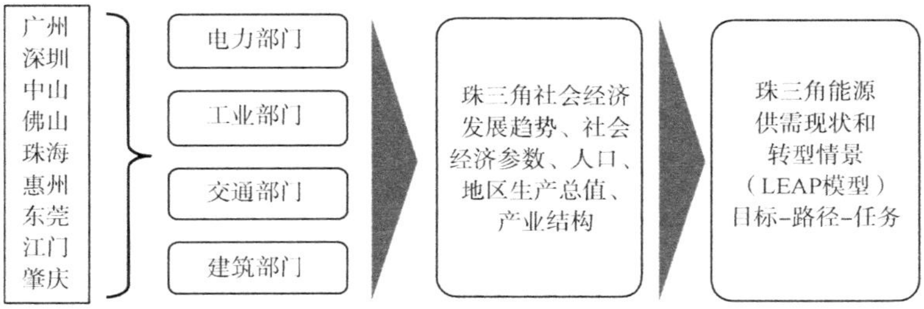

图 3-2　珠三角地区能源转型情景分析思路

LEAP（long-range energy alternatives planning system）即长期能源替代规划系统

二、电力部门情景分析

对应珠三角地区能源转型发展需求，电力部门的能源转型主要围绕清洁、低碳、安全、高效的目标。清洁、低碳、安全、高效是从环境生态、环境经济、资源和空间布局以及经济效益等角度评价电力部门的可持续发展。

2018～2025 年，这一期间需淘汰落后煤电，在 2017 年的基础上淘汰 810 万 kW 机组，增加气电、核电、光伏发电、风电和生物质发电装机容量，煤电、气电、核电、可再生能源发电的装机容量比例为 29%、38%、19%、14%；增加外购电的输入，占比增加到 50%左右，省内外购电占比提高到 30%左右，增强供电安全性。同时要增加清洁外购电力，外购电清洁能源占比上升到 80%左右；珠三角内火电机组效率向国家先进水平靠拢，进一步提高清洁电源占比。

2025～2035 年，持续淘汰落后煤电，在 2017 年的基础上淘汰 2062 万 kW 机组；增加气电、核电、光伏发电和生物质发电装机容量，煤电、气电、核电、可再生能源发电的装机容量比例为 12%、44%、27%、17%。增加外购电的输入，外购电比例增加到 52%。提高省内外购电的比例，占比提高到 39%，增强供电安全性。增加清洁外购电力，外购电清洁能源占比上升到 100%。火电机组效率达到国家先进水平，实现清洁电源占比 100%。

三、工业部门情景分析

工业部门情景分析模型如图 3-3 所示。工业部门情景分析分为传统行业和新兴行业，其中传统行业包括黑色/有色金属、建材、造纸、纺织、石油化工和其他传统工业，新兴行业包括生物医药，通用、专用设备制造业，交通设备制造业，电气机械制造业，以及信息技术产业。珠三角是中国重要的工业基地、世界级的综合性工业制造中心，经过多年的发展已形成了门类齐全、轻工业较为发达、重工业有一定基础且综合配套能力、科研技术能力和产品开发能力较强的外向型现代工业体系。未来珠三角工业部门将从产业结构、生产方式、产品制造等角度全方面推进发展模式和能源利用方式的本质性变革。

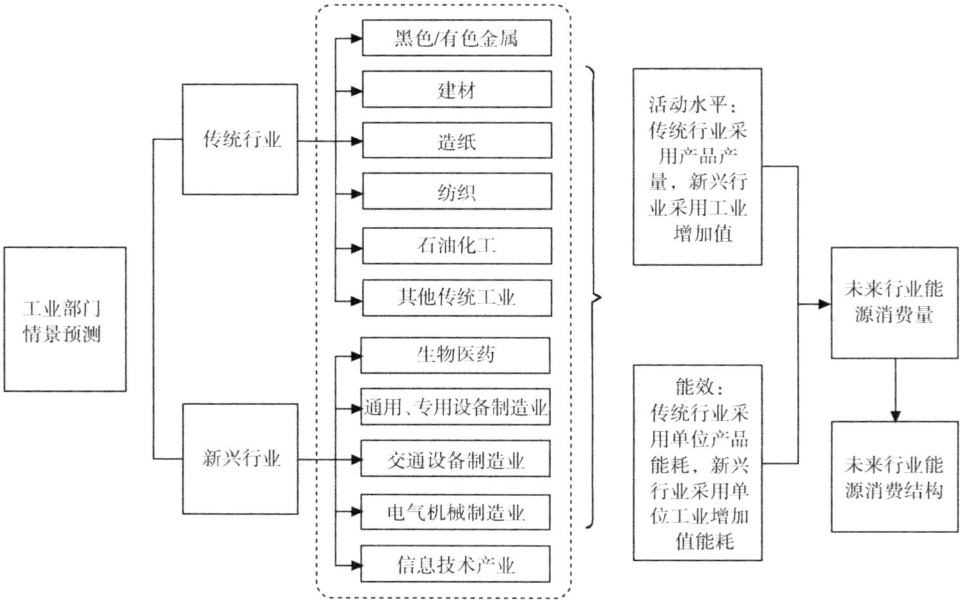

图 3-3　工业部门情景分析模型

2018～2025 年，这一期间针对传统高能耗行业，严格控制产能增量，进行存量优化，对优势产区实行存量提质发展政策，对非优势产区实行逐步淘汰产能政策。在重点领域大力推广已成熟的能效技术和工艺，以国内先进值为参照提高单位产品能耗水平；以建材、纺织、造纸行业为重点，推动煤改气、集中供热/供电等减煤化，减少终端煤炭消耗。推广应用工业机器人、数控机床、3D 打印等先进生产技术工艺，推进工业企业电气化发展，促进工业企业生产和消纳可再生电力的能力；加速新一代信息技术、生物医药、高端装备制造等高附加值新兴产业发展，以广州、深圳核心城市为引领与辐射，带动周边城市相关产业发展，充分发挥珠三角各地市功能互补的基础条件和可能性，延伸产业链，基本形成粤港澳大湾区内各城市产业链条互补、协同发展的生产格局。

2025～2035 年，这一期间珠三角核心城市高能耗行业产量进一步大幅下降，支点城市产能进一步调整。在重点领域普及已成熟的能效技术和工艺，以示范试点形式推广先进能效技术，以国际标杆值为参照提高单位产品能耗水平，进一步推动工业行业减煤化，加速工业企业电气化；进一步加快新兴产业发展，实施智能制造与产城融合发展战略，以广州、深圳等核心城市为中心的协同发展格局形成了产业互利发展。

四、交通部门情景分析

交通运输领域包括公交车、地铁、出租车、私人小汽车、摩托车等市内客运交通，以及公路、铁路、航空、水路等城际客运交通和货运交通（图 3-4）。计算时均采用属地原则，涵盖在珠三角 9 个城市注册的所有车、船及航空运输器等。交通运输领域是促进珠三角地区经济高质量发展和满足人民生活需求的重要支撑和保障，同时也是影响珠三角地区生态环境的重要因素。2017 年交通运输领域能源消费量和碳排放量均占区域能源消费总量和碳排放总量的 30%左右。未来随着生产和生活运输需求持续提升，交通运输领域的能源消费需求必将快速增长，由此带来的温室气体和空气污染物排放将越来越影响珠三角的可持续发展。本书根据珠三角地区交通运输领域的现状特征和趋势，提出在能源转型情景下未来的能源消费需求。

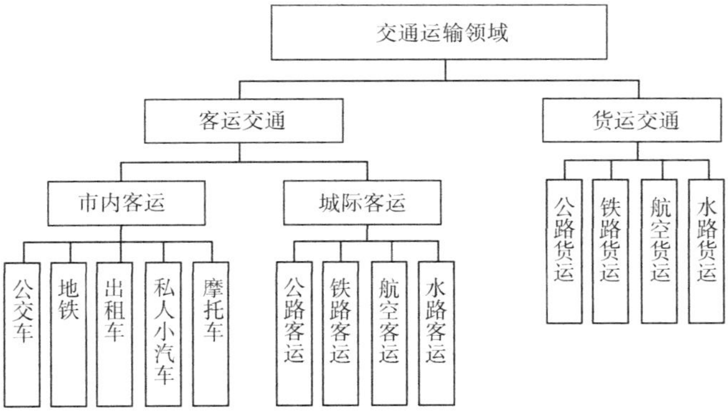

图 3-4　交通运输领域研究边界

2018～2025 年，这一期间鼓励发展铁路和水路运输，推广多式联运，逐步构建珠三角综合交通运输体系；继续采取公交优先战略，在珠三角地区形成多种方式相衔接的一体化公交体系，构建通畅便利的公交体系，实现到 2025 年公共交通分担率达到 60%；有效控制珠三角私人小汽车的增长速度和出行频率，城市私人小汽车的出行比重下降至 32%；鼓励推广清洁燃料在交通运输领域的应用，力争在 2025 年实现石油消费达峰。推动交通运输领域的技术进步，促进发展智能交通系统。

2025～2035 年，这一期间构建以高速铁路、城际铁路和高等级公路为主体的城际快速交通网络，力争实现珠三角主要城市间形成粤港澳-珠三角地区综合交通运输体系；到 2035 年实现地区公共交通分担率达到 75%；城市私人小汽车的出行比重降至 21%；大力推进汽车电动化进程，实现公交车和出租车 100%电动化，公交车、出租车、私人小汽车等市内客运交通能源效率较现状水平提高 15%。

五、建筑部门情景分析

建筑能耗为建筑运营、使用过程的能耗，不包括建造过程中的能耗。民用建筑按照一般分类包括：居住建筑，又分为城镇居住建筑、农村居住建筑；公共建筑，又分为办公建筑、商场建筑、酒店宾馆建筑、医院建筑、学校建筑（图 3-5）。

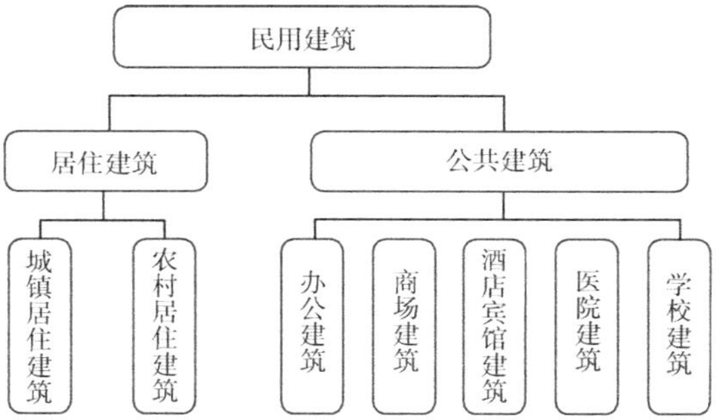

图 3-5　建筑能耗研究对象

2018～2025 年，这一期间以实际能耗为控制目标的建筑节能政策体系更加完善，以建设超低能耗建筑为核心的各项举措全面实施。尽快普及一体化设计理念，大力推广城镇被动式住宅、农村近零能耗住宅和超低能耗公共建筑，加快既有建筑节能改造，积极推广高效建筑用能系统和设备，大力推进可再生能源建筑一体化应用，提高建筑用能电气化水平，积极发展建筑智能系统。同时，合理控制建筑面积增长，珠三角人均居住面积不超过 35m^2，既有城镇居住建筑和公共建筑节能改造比例达到 50%～60%。

2025～2035 年，这一期间建筑部门能源转型的任务是以建筑超低能耗改造为核心，继续深化建筑节能各项举措，形成高效、清洁、低碳、智能的建筑能源利用方式。提高高效建筑用能系统和设备的普及率，加大建筑智能化控制程度，使建筑终端能源结构清洁低碳，广泛推广可再生能源在建筑中的应用，大幅提升建筑用能电气化水平。

六、珠三角中长期能源发展情景综合分析

（一）能源消费与社会经济发展情景

图 3-6 显示珠三角 2017～2035 年人口、经济、能源发展的情景分析。从人口和地区生产总值规模来看，珠三角 2018 年常住人口为 6301 万人，地区生产总值

为 8.1 万亿元，在能源转型情景下，到 2035 年分别达到 9085 万人和 29.5 万亿元左右，在此期间人口增加了约 2700 万人，地区生产总值增长了 2.6 倍。珠三角地区城市化的继续推进和居民收入的提高，会促进能源消费的增长。基准情景下，能源消费总量持续上升，到 2035 年超过 3.37 亿 tce；能源转型情景下，能源消费总量在 2030 年前后达到峰值，约为 2.73 亿 tce；深度转型情景下，能源消费总量峰值提前到 2025 年，约为 2.38 亿 tce，并在 2030 年前后有一个较大的下降幅度。

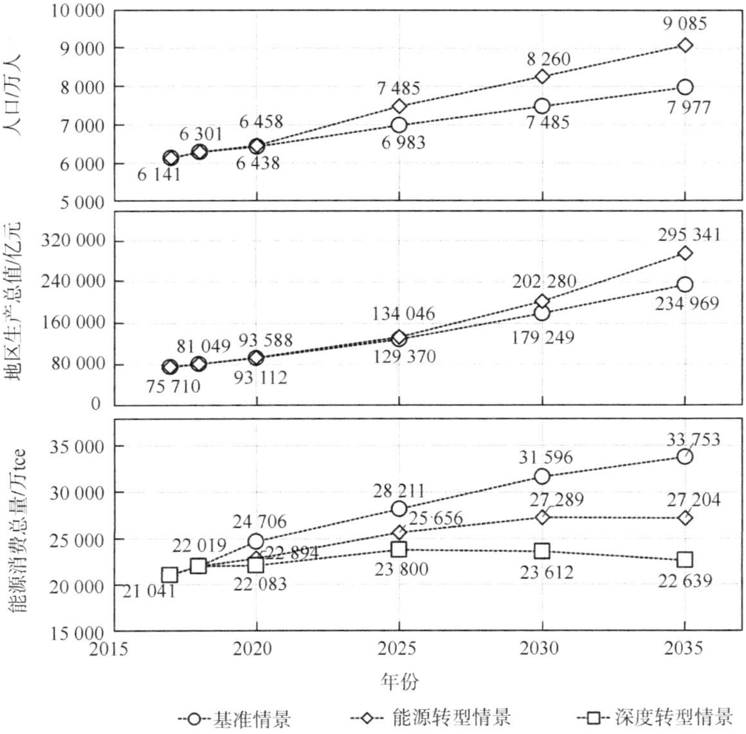

图 3-6　珠三角人口、经济、能源发展

（二）单位地区生产总值能耗

2017～2035 年不同情景下珠三角单位地区生产总值能耗都有较大幅度的下降（图 3-7），基准情景下，到 2025 年和 2035 年单位地区生产总值能耗分别下降到 0.21tce/万元和 0.12tce/万元；能源转型情景下，到 2025 年和 2035 年单位地区生产总值能耗分别下降到 0.19tce/万元和 0.10tce/万元，相比 2018 年，下降幅度分别为 30%和 63%；深度转型情景下，2025 年和 2035 年单位地区生产总值能耗分别达到 0.18 tce/万元和 0.09 tce/万元。

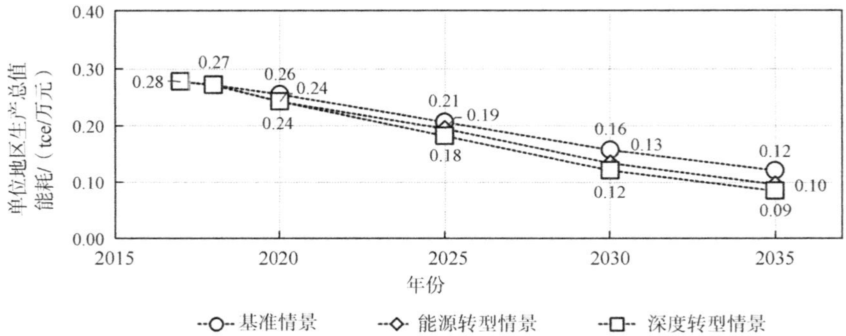

图 3-7　珠三角单位地区生产总值能耗发展

（三）人均能耗与人均电力消费量

2017～2035 年不同情景下珠三角人均能耗和人均电力消费量如图 3-8 所示。基准情景下，人均能耗呈现增长趋势。能源转型情景下，人均能耗有小幅增长并在 2020 年以后开始下降，到 2035 年下降至 2.99tce。深度转型情景下，人均能耗整体上有大幅度的下降；人均电力消费量在 2025 年前三种情景下均呈现较大幅度增长，2025 年后增长幅度减缓。到 2035 年，基准情景、能源转型情景和深度转型情景下人均电力消费量分别为 9630kW • h、9112 kW • h、8375 kW • h。

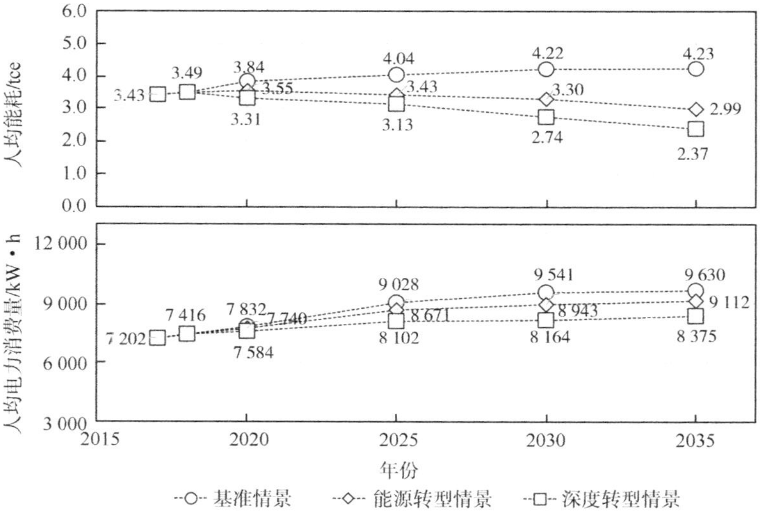

图 3-8　珠三角人均能耗与人均电力消费量发展

（四）碳排放强度

2017～2035 年不同情景下珠三角碳排放强度如图 3-9 所示。不同情景下碳排放强度都有较大幅度的下降，下降趋势一致。基准情景下 2035 年碳排放强度为 0.14t/万元，能源转型情景下为 0.10t/万元，深度转型情景下为 0.07t/万元，分别比 2018 年下降了 64.1%、74.4%和 82.1%。

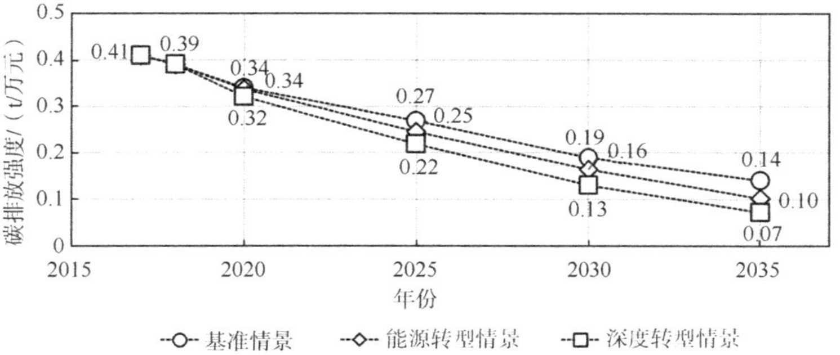

图 3-9　珠三角碳排放强度发展

（五）能源消费结构

2017～2035 年珠三角能源转型情景下的能源消费结构如图 3-10 所示，可以看出，能源消费结构煤炭：油品：天然气：电力从 2017 年的 31%：35%：11%：23%变为 2035 年的 7%：28%：31%：34%。从趋势来看，煤炭消费占比将快速下降，油品消费占比在 2025 年之后开始下降，到 2035 年天然气和电力消费占比分别达到 31%和 34%。

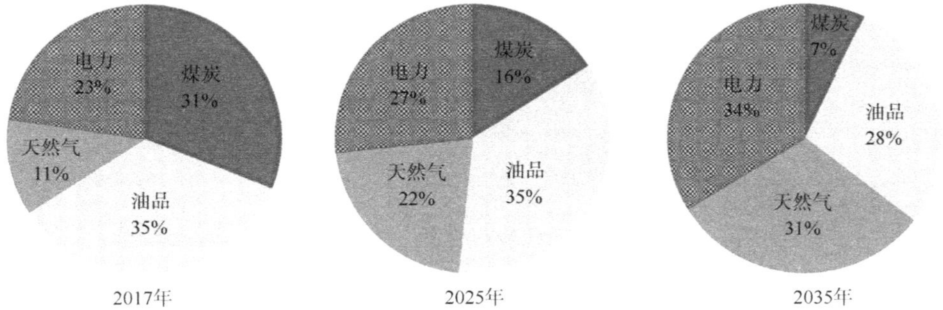

图 3-10　珠三角能源转型情景下能源消费结构发展

（六）部门能源消费比例

2017～2035 年珠三角能源转型情景下的部门能源消费比例如图 3-11 所示，可以看出，到 2035 年，珠三角地区部门能源消费比例电力：工业：交通：建筑从 2017 年的 22%：40%：27%：11%变为 2035 年的 17%：34%：27%：22%。总体上，到 2035 年，工业消费下降 6 个百分点、建筑消费增加一倍、交通消费变化小。

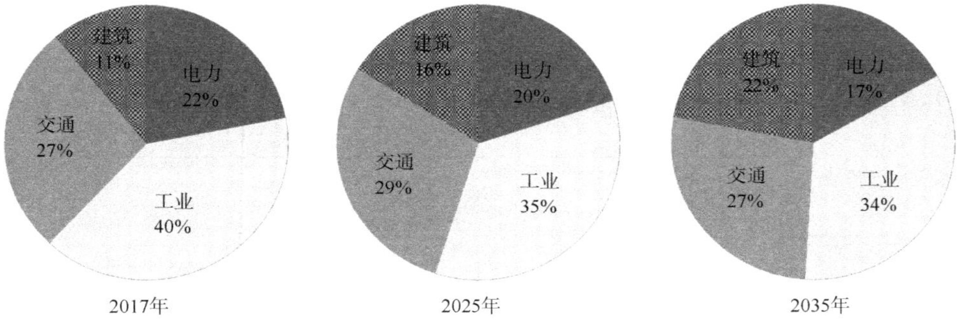

图 3-11　珠三角能源转型情景下部门能源消费比例发展

第四章 珠三角能源革命路线图

第一节 总 体 思 路

根据珠三角经济社会发展的实际需求，以能源革命推动珠三角开放发展。需制定总量控制目标，有效控制能源消费总量和碳排放总量增长，大幅降低单位地区生产总值能耗；需有效优化存量，大幅提高清洁能源比例；需加强增量革命，积极开发新能源和可再生能源，实现清洁低碳能源全部增量替代，同时提高外购清洁能源占比；需加强用能转型，使产业向技术资金密集型转移；需加强智慧管理，使能源管理和服务向智能电网及能源消费智能化转变。

第二节 到2025年能源结构优化期

2018～2025年，这一期间是珠三角能源革命的优化期。战略重点把清洁低碳能源作为调整能源结构的主攻方向，显著提高非化石能源和天然气消费比重，加快推进主体能源由油气替代煤炭、由非化石能源替代化石能源的双重更替。以能源革命推动珠三角开放发展，实施总量控制。有效控制能源消费总量和碳排放总量增长，大幅降低单位地区生产总值能耗，到2025年珠三角地区的能源消费总量控制在2.57亿tce、碳排放强度将达到0.25t/万元、单位地区生产总值能耗降低至0.19tce/万元；推进存量优化，提高可再生能源及新能源利用量，地区非化石能源占比提高到18%；推动增量革命，新增能源全面使用非化石能源，积极开发新能源和可再生能源，提高外购电清洁比例，地区外购电清洁能源占比上升到80%左右；加强用能转型，产业向技术资金密集型转移，加快新兴产业增加值，全社会电气化率提高至40%；加强智慧管理，使能源管理和服务向智能电网及能源消费智能化转变。

这一时期在能源革命的推动下，电力部门将针对庞大的燃煤电站存量，实施煤电污染物“超低排放行动”，淘汰落后煤电，从严控制煤电规模增长，火电机组效率向国家先进水平靠拢，进一步提高清洁电源占比。增加气电、核电、光伏发电、风电和生物质发电装机容量，同时增加省内外购电占比；工业部门针对传统高能耗行业，严格控制产能增量，进行存量优化，对优势产区实行存量提质发展，对非优势产区实行逐步淘汰产能。以建材、纺织、造纸行业为重点，推动煤改气、集中供热/供电等减煤化，减少终端煤炭消耗；交通运输部门鼓励发展铁路和水路运输，推广多式联运，逐步构建珠三角综合交通运输体系。鼓励推广清洁燃料在交通运输领域的应用，力争在 2025 年实现石油消费达峰；建筑部门完善建筑节能政策体系，大力推广城镇被动式住宅、农村近零能耗住宅和超低能耗公共建筑以及可再生能源建筑一体化应用，提高建筑用能电气化水平，积极发展建筑智能系统。

第三节　到 2035 年能源结构变革期

2025～2035 年，这一时期是珠三角能源发展的变革期。战略重点是实现能源消费显著优化和能源绿色低碳发展，新增能源需求主要依靠清洁能源满足。珠三角地区能源消费总量在 2030 年左右达峰，控制在 2.73 亿 tce 以下。单位地区生产总值能耗和碳排放强度分别将降至 0.1tce/万元和 0.1t/万元；实现能源消费结构显著优化，能源绿色低碳发展，到 2035 年地区外购电清洁能源占比达到 100%；新增能源需求主要依靠清洁能源满足，非化石能源占比达到 37%；能源革命催生技术创新，带动战略性新兴产业发展，实现治理体系现代化。

这一时期在能源革命的推动下，电力部门持续淘汰落后煤电，增加煤电、气电装机容量比例至 12%和 44%，外购电比例增加到 52%。火电机组效率达到国家先进水平，实现清洁电源占比 100%；对于工业部门，珠三角核心城市高能耗行业产量进一步大幅下降，支点城市产能进一步调整。进一步推动工业行业减煤化，加速工业企业电气化；进一步加快新兴产业发展，实施智能制造与产城融合发展战略，以广州、深圳等核心城市为中心的协同发展格局形成产业互利发展；交通部门建成以高速铁路、城际铁路和高等级公路为主体的城际快速交通网络，力争实现珠三角主要城市间形成粤港澳-珠三角地区综合交通运输体系，实现地区公共交通分担率达到 75%、城市私人小汽车的出行比重降至 21%，实现公交车和出租车 100%电动化；建筑部门形成高效、清洁、低碳、智能的建筑能源利用方式，大幅提高高效建筑用能系统和设备普及率、建筑智能化控制程度，可再生能源在建筑中的应用得到广泛推广，同时建筑用能电气化水平大幅提升。

第四节　到 2050 年能源结构定型期

2035～2050 年，这一期间是珠三角能源革命的定型期。珠三角地区能源发展实现清洁、低碳、安全、高效的目标。地区经济规模将超过国际三大湾区，人口规模趋于稳定，能源消费总量控制在 2.7 亿 tce 以下，单位地区生产总值能耗下降到 0.05tce/万元、碳排放强度将降至 0.05t/万元。非化石能源替代石油、煤炭成为第一大能源，占比提高到 50%。将建成新型能源体系，以电力为转换中心的能源供给结构逐步形成，形成“互联网+”智慧能源系统。

这一时期，电力部门将实现清洁、低碳、安全、高效的目标，形成智能化技术与电力系统结合的智能电网，可再生电力清洁、低碳的优势得以充分发挥；工业部门将全面实现智能化、数字化、网络化生产，工业机器人全面普及，复合型工业得到广泛推广；建筑部门被动房、近零能耗建筑、超高效用能系统和设备普及率大幅提高；对于交通部门，以电动汽车、燃料电池为主体的新能源汽车得到消费者的高度认可，实现高铁、电动汽车、压缩天然气货车等高效清洁运输方式，建成车联网、物流网、智能交通体系等运输管理体系。

第五节　主要发展指标

珠三角地区在能源转型情景下中长期能源发展的主要指标列于表 4-1。

表 4-1　珠三角能源发展主要指标

主要指标	2018 年	2025 年	2035 年	2050 年
一次能源消费总量/亿 tce	2.10	2.57	2.73	＜2.7
地区生产总值/万亿元	8.1	13.4	30.0	41.9
单位地区生产总值能耗/（tce/万元）	0.27	0.19	＜0.10	＜0.05
人均能耗/tce	3.49	3.43	＜3.0	2.30
能源消费总量达峰年份	未达	未达	＜2035 年	—
终端能源消费结构（电力：工业：交通：建筑）/%	22：40：27：11（2017 年）	20：35：29：16	17：34：27：22	—
非化石能源消费占比/%	10	18	37	50
碳排放强度/（t/万元）	0.39	0.25	0.10	0.05
人均电力消费量/kW·h	7 416	8 671	9 112	10 000
电气化率/%	35	40	47	60

第五章　能源革命推动绿色集约发展

当前我国正处于实施新型工业化的关键时期，资源依赖型或资源密集型产业快速发展，加大了资源与环境负荷。与此同时，人们追求生活质量，对环境和资源质量的要求却越来越高，就珠三角地区来说，产业集群的发展越来越受到环境、资源、能源等诸多问题的制约。因此，建设资源节约型、环境友好型社会和实现可持续发展成为重要的方向。能源产业发展方式粗放主要表现在能源类企业生产分散、工艺落后、规模小、效率低，这些问题严重影响了新型工业化进程，成为经济转型的突出瓶颈，迫切需要向集约化、绿色化方向发展。当前，能源生产和消费发生巨大变革，能源革命也正向纵深推进。为了将能源发展方式由粗放型向集约型转变、能源结构由以煤炭为主向多元化转变、能源发展动力由传统能源增长向新能源增长转变，需要有效控制能源消费总量，进一步优化能源消费结构，深入推进重点行业的节能减排。

第一节　有效控制能源消费总量

强化能源消费总量和单位地区生产总值能耗“双控”措施，进而大幅减少未来能源需求量，做好珠三角地区煤炭消费减量替代。通过创新发展模式、优化生产结构、借助能源革命、积极采取有效手段，减少工业、建筑和交通部门的终端用能，不断提高非化石能源比例，实现绿色集约发展。

2018～2025 年，这一阶段是以“向污染宣战”为核心的工业化后期转型发展阶段，经济发展动力从“重工业拉动”逐步转向“服务业和高端制造业为主”，以煤炭为主的能源结构将出现大的改变。在能源转型情景下，珠三角地区能源消费总量控制在 2.57 亿 tce，单位地区生产总值能耗下降到 0.19tce/万元。

2025～2035 年，这一阶段是以“2025 年左右二氧化碳峰值”为目标的后工业化发展阶段，经济发展阶段呈现比较明显的后工业化特征，服务业和高端制造业比例进一步提高，主要工业产品能耗效率达到世界领先水平，以“工业为主”的能源消费结构将实现重新调整。在能源转型情景下，珠三角地区能源消费总量控制在 2.73 亿 tce，单位地区生产总值能耗下降到 0.1tce/万元。

2035～2050 年，这一阶段是以“非化石能源高比例”为目标的绿色化、智能化发展阶段，能源消费总量基本稳定，经济社会发展呈现典型的后工业化时代特征，旨在建成能源文明消费型社会。在能源转型情景下，珠三角地区单位地区生产总值能耗进一步下降到 0.05tce/万元左右。

一、控制煤炭消费总量

从相继出台的《广东省推进粤港澳大湾区建设三年行动计划（2018—2020 年）》和《广东省打赢蓝天保卫战 2018 年工作方案》来分析，珠三角地区已经开始严格落实全省煤炭消费总量控制目标。提出大力推进煤炭清洁高效利用或减量替代，严格控制煤炭消费总量，新建耗煤项目实施等量或减量替代。2017 年珠三角煤炭消费总量为 7514 万 t，《关于调整珠三角地区煤炭消费减量控制目标的通知》中提出到 2020 年珠三角地区煤炭消费总量控制在 7000 万 t 左右，三年间需要减少 500 万 t 左右，同时要增大天然气和外购电比例以及大力发展风电等可再生能源。珠三角地区未来将重点控制煤炭消费总量，实施严格的节能评估审查制度，新建项目单位产品（产值）能耗须达到国际先进水平，新建耗煤项目实施煤炭减量替代，明确煤炭替代来源和替代削减量。通过市场化手段压减珠三角地区煤电发电量，实施节能减排技术改造和关停退役，大力压减煤炭消费量。同时，拓展清洁能源消费市场。加快建材、钢铁、造纸、化工、纺织等行业用煤的燃气替代。

2018～2025 年，电力部门要淘汰落后煤电，在 2017 年的基础上淘汰 810 万 kW 机组，煤电装机容量比例下降到 30%以下；外购电占比提高到 50%。珠三角地区内火电机组效率向国家先进水平靠拢，进一步提高清洁电源占比；工业部门要严格控制传统高能耗行业的产能增量，进行存量优化。以建材、纺织、造纸行业为重点，推动煤改气、集中供热/供电等减煤化，减少终端煤炭消耗。

2025～2035 年，电力部门要持续淘汰落后煤电，在 2017 年的基础上淘汰 2062 万 kW 机组，煤电装机容量比例下降至 12%左右。珠三角煤炭消费总量逐年快速下降，一次能源消费中煤炭占比下降到 10%以下。增加清洁外购电力，外购电清洁能源占比上升到 100%。火电机组效率达到国家先进水平，实现清洁电源占比 100%；工业部门要进一步推动工业行业减煤化，加速工业企业电气化。

二、创新生产用能模式

珠三角地区生产用能主要在推进产业园区集中供热、推动循环化工业园区建立和建立绿色低碳产业等方面进行模式创新，逐步建立绿色智慧节能低碳生产方式和城市建设运营协同发展模式。

（一）推进产业园区集中供热

到 2025 年，落实工业园区和产业集聚区集中供热建设规划，在珠三角地区具备条件的工业园区和产业集聚区有序推进集中供热，合理建设天然气热电联产、分布式能源等集中供热设施，重点建设能源综合效率较高的热电联产项目；至 2035 年，实现集中供热全部替代分散供热，淘汰分散燃煤小锅炉，实现用热企业全部向产业园区集聚。

（二）推动循环化工业园区建立

珠三角地区全面推行循环生产方式，实施工业园区循环化改造，重点围绕工业园区公共服务类项目、产业链关键补链项目，推进工业园区实施循环化改造。到 2025 年，构建循环经济产业链，实现企业、产业间的循环链接，提高产业关联度和循环化程度，增强能源资源等物质流管理，用循环经济理念改造存量、构建增量，促进企业间、园区间、产业间耦合共生；至 2035 年，珠三角循环工业链以生态互补为纽带，把所有制造业连接起来，形成共享资源和互换副产品的产业共生组合。

（三）建立绿色低碳产业

到 2025 年进一步提高市场准入标准，限制高能耗、高污染产业发展及煤炭等化石能源消费；至 2035 年全面实施工业节能、绿色建筑、绿色交通等清洁行动，健全节能标准体系，大力开发和推广节能高效技术和产品，实施重点用能行业、设备节能全覆盖。

三、倡导绿色生活方式

珠三角地区是制造业核心区及“一带一路”的支点，在发展过程中迫切需要倡导绿色行为规范、培育绿色产业体系、布局节能环保项目，实施以推广普及清洁能源、开展湾区清洁美丽计划为重点的保护生态环境的产业措施。党的十九大报告强调，要倡导简约适度、绿色低碳的生活方式，反对奢侈浪费和不合理消费。因此，珠三角需借鉴国际知名湾区的绿色行为经验，将粤港澳大湾区定位为绿色经济带，加快构建绿色生活方式。

通过大力倡导勤俭节约、绿色低碳、文明健康的生活方式，努力使绿色生活方式成为每个社会成员的自觉行动。加强绿色消费宣传，广泛开展绿色消费行动，自觉抵制和反对各种形式的奢侈浪费、不合理消费，积极引导消费者购买节能环保低碳产品，强化企业绿色消费责任，健全生产者责任延伸制；通过大力倡导绿色低碳出行，鼓励政府和企业发展城市公交与低排放的交通工具，推广公共交通、共享单车等绿色出行方式，实行城市公共交通低票价政策，以最大限度地吸引客流，提高城市公共交通工具的利用效率。推广居民生活垃圾分类回收利用政策，为居民的绿色生活方式提供更多的选择，提升普通民众的绿色环保意识，逐步实现可持续发展；通过大力倡导绿色居住，支持绿色生态小区建设，减少环境负荷，创造健康舒适的居住空间。发挥公共机构的典型示范带动作用，大力提倡建设绿色园区、绿色企业、绿色社区、绿色家庭，引导居民科学合理用能，推动形成注重节能的生活方式；倡导绿色行为规范，借鉴国际知名湾区经验，将粤港澳大湾区定位为绿色经济带，加快构建绿色行为规范体系，从基础做起，在理念认知、行为习惯、制度保障等方面逐步规范，关键在于执行，内化于心、外化于行、固化于制，包括常见的垃圾分类、废品回收、环境清洁绿化等都要从普通的居民和企业着手，使居民和企业形成绿色工作、绿色生活习惯，建成绿色低碳生活方式。以此为推动，在能源转型情景下，到 2025 年人均能耗降到 3.43tce、人均电力消费量降到 8671kW·h，到 2035 年人均能耗降至 3.0tce 以下、人均电力消费量降至 9112kW·h。

第二节　打造中高级能源消费结构

一、优化产业结构和布局

能源转型情景下，工业部门将保持良好的发展态势，持续为工业化、城镇化提供动力和支撑。通过能源转型推动产业结构优化和布局。珠三角工业产业的能源转型中，加速高能耗、低附加值的传统产业的转型升级，加快高附加值、低能耗的新兴产业的培育壮大是发展重点。优化产业结构，以高端化、智慧化、绿色化、服务化为导向，大力发展低能耗、低污染、低排放的绿色产业，鼓励发展现代服务业和战略性新兴产业，以绿色产品、绿色工厂、绿色园区、绿色供应链为抓手，构建高效清洁、低碳循环的绿色制造体系；优化产业布局，合理布局工业用地，推动产业集聚发展，科学引导珠三角地区产业合理发展和布局。充分发挥珠三角国家重要中心城市和经济中心城市的作用和创新、创造、创业辐射带动能力，强化区域中心的功能支撑和服务能力，大力发展科技创新、金融和总部经济，促进产业集聚，占领现代服务业和先进制造业高端。

（一）打造新一代工业组织生产体系

加速新一代信息技术、生物技术、高端装备制造、新材料等高附加值产业发展，以“产业现代化”降低工业增加值能耗。通过充分发挥粤港澳大湾区内各地市功能互补的基础条件和可能性，加强珠三角内各地市间的相互合作，核心城市和节点城市错位发展，延伸产业链，形成各城市产业链条互补、协同发展的生产格局。能源转型情景下，能源消费总量到2030年左右将达到峰值，约为2.73亿tce，传统行业能源消费量和新兴行业能源消费量大致相同。2035年单位地区生产总值能耗仅是2018年的36%，实现了能耗与增加值的脱钩。

（二）通过煤炭减量和电气化，推动能源结构优化

珠三角工业部门仍大量使用煤炭，煤炭消费总量占工业能源消费总量的30%左右。未来在清洁能源竞争力提高、工业产业升级的背景下，能源结构将向清洁化、低碳化发展，以去煤化和电气化为转型重点。在能源转型情景下，工业部门以煤为主的能源消费结构将被彻底转变。2035年工业部门煤炭消费比重将降至7%左右；通过大幅提高电气化水平，电力消费比重提升至2035年的34%以上，天然气消费比重提升至2035年的31%左右。

二、促进传统产业转型升级

构建绿色制造体系，推进产品全生命周期绿色管理，不断优化工业产品结构，按照“扶持壮大一批，改造提升一批，转移淘汰一批”的原则，推动高能耗、高污染、高排放行业转型升级，推动传统产业绿色改造升级，化解过剩产能。

（一）提升传统产业绿色发展水平

推动沿海高能耗、高污染、高排放产业绿色化改造，总结推广佛山陶瓷行业转型升级经验，重点推进有色金属、化工、建材、轻工、印染等传统制造业绿色升级改造，推动传统产业价值链提升。以广州、佛山、中山、东莞、江门为重点，促进绿色产业集聚发展，珠海、佛山、中山集聚发展节能家电研发生产，深圳、佛山等地集聚发展节能建筑材料产业化，广州、东莞等地集聚发展节能玻璃产业集群。推动传统行业由生产制造向研发设计、标准制定、检测认证、品牌培育、会展营销、出口贸易转型升级，重构传统行业竞争力。

（二）通过优化产能，推动传统产业转型升级

粤港澳大湾区内传统产业的地区特色明显，专业镇（区）的传统产业发展模

式使得部分产业成为全国乃至全球著名的优势产业，但传统产业高能耗的特点制约了产业的升级发展。通过对优势产区实行存量提质发展，对非优势产区实行逐步淘汰产能，推动粤港澳大湾区内优势传统产业转型升级，使粤港澳大湾区内主要高能耗产品的产量规模更集聚、能效更高。2035 年能源转型情景下高能耗行业产量将比基准情景下降 40%～60%。

（三）淘汰落后产能

综合运用差别电价、惩罚性电价、阶梯电价、信贷投放等经济手段，加大财政、税收、金融、用地、环保、质量、就业和社保政策引导力度，推动过剩产能平稳有序退出。依据国家相关产业政策要求，以电力、石化、钢铁、水泥、陶瓷、玻璃、造纸等高能耗行业为重点，引导企业开展技术改造，充分发挥市场机制的倒逼作用，严格执行环保、安全、质量、能耗等法律法规，对达不到要求的责令整改，整改仍不达标的依法关停退出。

三、加快新兴产业发展

鼓励发展现代服务业和战略性新兴产业，构建形成以战略性新兴产业为先导、以先进制造业为主体、以生产性服务业为支撑的现代产业体系，加快发展壮大新一代信息技术、高端装备、新材料、生物、新能源、新能源汽车、节能环保、数字创意等战略性新兴产业，推动新领域、新技术、新产品、新业态、新模式蓬勃发展。

（一）重点培育高附加值、低能耗的新兴产业

加快发展高端电子信息制造业、新材料制造业、新能源汽车、先进轨道交通装备、先进轻纺制造业、生物医药及高性能医疗器械产业等先进制造产业，培育能耗排放低、质量效益好的新增长点；实施智能制造专项行动和“互联网+制造业”行动，加快工业化和信息化深度融合，大力发展高档数控机床与工业机器人、增材制造装备、智能传感与控制装备、智能检测与装配装备、智能物流与仓储装备，推动制造业向智能化、高端化发展。加大对节能环保产业的培育力度，加快节能环保装备技术模块化、产品化建设，促进环境监测技术与环保材料的研发应用，培育一批国内领先的大型节能环保龙头企业，推动珠三角地区形成以节能环保技术研发和总部基地为核心的产业集聚带。加强珠三角内各地市间的相互合作，形成粤港澳大湾区内各城市产业链条互补、协同发展的生产格局。能源转型情景下，到 2035 年新兴行业占工业行业增加值比重将达到 90%左右。

（二）提高服务业比重

重点在先进制造业生产基地周边建设生产性服务业集群，发展总部经济、金融、会展、研发设计、信息、现代物流、技术转移等现代服务业。一是发展总部经济，以打造特色鲜明的现代服务业总部经济示范功能区为引领，充分发挥广东自贸试验区的国际商务服务功能，大力发展沿海总部经济，推进现代服务业集聚发展，促进珠三角地区战略性新兴产业与现代服务业的有效融合，建成全国领先的现代服务业集聚区。二是发展现代金融业，加快推进珠三角金融改革创新综合试验区建设，重点发展高效安全、绿色普惠、开放创新的现代金融服务业，建设中国青创板、新三板华南基地、广东金融资产交易中心等一系列重大金融创新平台，把珠三角地区打造成金融机构集聚区、金融服务创新区、金融生态示范区和金融后台中心区、对外合作与交流区。三是发展信息服务业，重点发展云计算、大数据、物联网、车联网等领域，引导新一代信息技术在生产制造和生活消费各个环节中的应用，推动珠三角地区创建国家大数据综合试验区。四是发展技术转移服务业，积极引进中国科学院深圳先进技术研究院等各类研究开发机构，提供策划设计、检测认证、知识产权服务等高端服务业，为珠江西岸工业企业提供技术应用服务，鼓励发展节能环保技术咨询、系统设计、设备制造、工程施工、运营管理、计量检测认证等专业化服务。

第三节　深入推进重点行业节能减排

一、加强工业节能减排

（一）通过构建绿色制造体系，促进能源资源向工业高技术、高效率、高附加值领域转移

大力发展第三产业、先进制造业，促进传统产业能效水平、产业链价值大幅提升，实现信息化、智能化与工业化深度融合。对钢铁、建材等耗煤行业实施更加严格的能效和排放标准，主要耗能设备能效达到国际先进水平。重构工业生产和组织方式，全面推进工业绿色制造，推动绿色产品、绿色工厂、绿色园区和绿色供应链全面发展。推行企业循环式生产、产业循环式组合、园区循环式改造，推进生产系统和生活系统循环连接。开展工业领域电力需求侧管理专项行动，推动可再生能源在工业园区的应用，将可再生能源占比指标纳入工业园区考核体系。

（二）加快工艺流程升级与再制造，以绿色设计和系统优化为重点，推广清洁低碳产品

发展工业高效用能技术，加强生产工艺和机械设备节能技术研发，重点推动工业锅（窑）炉、电机系统、变压器等通用设备节能技术的研发应用。深入推进流程工业系统节能改造，完善和推广工业循环利用、系统利用和梯级利用技术。广泛应用原料优化、工业余热/余压/余气回收利用和电厂烟气余热回收利用技术。推行产品绿色节能设计，推广轻量化、低功耗、易回收的技术工艺。

（三）通过智能制造和整合设计，推动能效大幅提升

在高能耗行业中，开发、推广和运用先进、成熟、适用的各种节能低碳环保技术，大幅度提高能效水平；对新建产能进行高起点建设。形成工业企业内部、行业间及工业与社会的生态链接；加快推动新一代信息技术与制造技术融合发展，形成数字化、网络化和智能化的工业生产体系，实现能源和资源利用效率的大幅提升。能源转型情景下，传统产业单位产品能耗在2025年左右与国际先进值、国内先进值或行业标杆值看齐，到2035年左右珠三角单位工业增加值能耗较基准情景下降70%左右。

二、强化建筑节能减排

珠三角建筑部门未来的发展趋势为：建筑面积合理增长；建筑环境更加舒适、宜居，建筑能效将大幅提高；建筑电气化程度不断提高；节能型家用电器普及。

（一）有效控制建筑单位面积能耗增长幅度

能源转型情景下，到2035年建筑能耗增加一倍。居住建筑单位面积能耗仍将增长，公共建筑单位面积得到有效控制，未来居住建筑能耗将成为能源转型关注的重点。对于城镇居住建筑，鼓励高效的炊事、照明、热水等相关家用电器的应用，同时限制一些高能耗家用电器的使用；对于农村居住建筑，在规范和引导能源使用时，更加突出使用生物质能，如沼气、生物质成型燃料等，发展太阳能光伏一体化（可再生能源建筑）应用。在居民生活水平逐步提高的前提下，控制居住建筑能耗的增长速度；同时，珠三角地区未来第三产业发展迅速，以研发设计、节能环保服务、电子商务等为代表的生产性服务业将大幅度增加，伴随着产业集聚、创新带来的多业态混合发展，公共建筑能耗也带来了一些综合用能体的集聚能源消费，如大型商业综合体、交通枢纽、超算数据中心、区域中心功能区、产业集聚区、金融城等，都将进一步提高公共建筑能耗。

对于公共建筑，未来在建筑设计阶段，更注重实用性，且融入被动式设计、太阳能光伏建筑一体化等有效的控制能耗技术和能源供应措施；在使用阶段，推广高效的用能设备，注重能源管理。在未来公共建筑服务水平提高使得能耗需求上升的情况下，可以进一步控制公共建筑的实际运行能耗，在能源转型情景下，到2035年可以将公共建筑能耗控制降低15%。

（二）建立健全节能建筑标准体系

研究制定珠三角地区绿色建筑设计、施工、验收标准，大力发展绿色建筑，推广装配式建筑。出台更严格的建筑节能设计标准，明确各类建筑的能耗定额标准，提升家用电器、办公设备等建筑用能设备的能效标准，持续提升标准要求，实现标准更新机制和标准执行制度法治化，完善以实际能耗作为控制目标的建筑节能政策体系。

（三）鼓励智能化、电气化设备用能

未来，珠三角建筑部门电力需求将持续快速增长。能源转型情景下，建筑部门的电力消费量将达到4327亿kW・h，人均生活用电量增长到2286kW・h/年。通过大力推进发展智能家电、新能源家电、个性化定制家电、特殊用途家电、嵌入式/集成式家电等现代家电产品，打造智能家居生态体系。重点突破智能家电设计与制造技术、家电产品先进节能技术、在线检测系统和变频控制模块，推进家电芯片、高效环保变频压缩机和高性能换热器等关键零部件的研发和产业化，支持家具产业向定制化、品牌化、高端化发展，推动家电产业与互联网、家具家居产业融合，重点建设珠海、佛山、东莞、中山等智能家电生产基地。

（四）加强技术集成与示范

加强既有建筑节能减排改造、可再生能源建筑一体化应用、低能耗普通民用建筑以及绿色建筑等的综合试点示范，大力推进绿色低碳示范城区、示范住宅小区和示范建筑建设。加快既有建筑节能减排改造，在珠三角城市的成熟社区，建立健全既有公共建筑节能减排改造技术标准体系和建筑能耗统计体系，重点开展大型办公建筑、商业建筑和旅游建筑等既有公共建筑的节能改造。推进新建筑节能减排，在珠三角新规划建设重点区域及保障性住房项目中，将国内外先进的节能技术和产品应用于试点建筑中，主要包括新型保温材料、新型节能型门窗和遮阳型玻璃、绿色照明系统、节能空调系统等技术；鼓励使用可再生能源建筑应用技术，发展分布式能源及微网系统，在太阳能资源丰富的地区，居住建筑强制安装太阳能热水器。

三、促进交通节能减排

（一）加快构建绿色节能型综合交通运输体系

鼓励发展铁路和水路运输，推广多式联运，构建粤港澳大湾区综合交通运输体系。在客运交通领域，构建以高速铁路、城际铁路和高等级公路为主体的城际快速交通网络，力争实现粤港澳大湾区主要城市间 1h 通达；在货运交通领域，提升港口、航道等基础设施的服务能力，完善内河航道与疏港铁路、公路等集疏运网络，增强粤港澳大湾区港口群的国际竞争力，确保水路货运的主体地位不动摇。同时，构建以公共交通、慢行交通为主体的城市基础设施，着力改善城市慢行空间环境，建设与公交站点无缝接驳的自行车道和步行连廊。继续采取公交优先战略，在珠三角地区形成公交车、城市轨道交通、出租车等多种方式相衔接的一体化公交体系，构建通畅便利的公交体系，实现到 2025 年和 2035 年珠三角公共交通分担率分别达到 60%和 75%。

（二）鼓励推广清洁燃料，推广新能源汽车

加快面向长距离的大载荷电动汽车及氢燃料电池车技术的研发进程，促进面向空运和海洋的清洁燃料替代技术和动力装备技术的研发，鼓励推广清洁燃料在交通运输领域的应用。以深圳、广州为代表，大力推进汽车电动化进程，到 2030 年珠三角地区实现公交车和出租车 100%电动化，到 2035 年，公路客运和货运中纯电动车占比分别达到 15%和 30%；氢燃料电池车到 2035 年分别约占公交车和公路货车的 10%；鼓励天然气在公路和水路运输中的推广和应用，到 2035 年天然气车/船分别约占公路客/货车和水路货船中的 20%；推广生物燃油在航空和水路运输领域的示范，到 2035 年生物燃油约占粤港澳大湾区航空和水路运输用油的 10%。未来，珠三角地区新增或更新的市政、通勤、物流等全部使用新能源汽车，加快充电桩基础设施和计量检测能力建设，促进电动汽车发展与电网服务能力相协调。

（三）推动交通运输领域的节能技术进步，加快智能交通系统建设

推进 4G/5G 等通信技术、物联网、云计算、大数据等信息技术在交通运输领域的集成、应用、创新，显著提升交通管理和服务水平，提高交通工具的能源利用效率。实现到 2035 年珠三角地区公交车、出租车、私人小汽车等市内客运交通的能源效率较现状水平提高 15%。推广交通与互联网融合技术，利用交通大数据，发展城市智能交通管理技术、车联网技术等，推动交通运输智能化，建立公众出行和物流平台信息服务系统，引导培育共享型交通运输模式。

第六章　能源革命推动清洁低碳新体系构建

第一节　存 量 优 化

一、能源存量结构优化

珠三角地区能源存量结构主要从能源消费结构和部门能源消费结构进行分析。2017 年煤炭占 31%、油品占 35%、天然气占 11%、电力占 23%。珠三角地区部门能源消费结构为，2017 年工业部门占 40%、交通部门占 27%、建筑部门占 11%、电力部门占 22%。存量优化是珠三角能源转型的首要任务。在能源转型情景下，能源消费结构的优化目标主要在于减煤提气，到 2035 年煤炭消费占比将降至 7%，减少了 24 个百分点，天然气增加至 31%，提高了 20 个百分点。同时随着电气化水平的进一步提高，电力部门占比增加 11 个百分点。部门能源消费结构的优化目标主要是减少第二产业能源消费占比、增加第三产业能源消费占比。珠三角地区今后还需保持制造业发展，不能走美国产业空心化的道路，因此决定了工业部门能耗比例不会大幅下降，从 2017 年的 40%下降到 2035 年的 34%，降低 6 个百分点。《粤港澳大湾区发展规划纲要》提出，要把粤港澳大湾区建成世界级城市群，这将给建筑行业带来新的发展，建筑部门能源转型也将面临较大挑战，建筑能耗增加一倍。

回顾珠三角地区能源历史发展进程，1992～2005 年能源发展主要注重保供给、扩需求，2005～2015 年主要针对提效率、促增长、去产能。在接下来的阶段需强调新技术、调结构、要生态。能源体系在政策的被动要求和技术更新的驱动作用下不断谋求适应经济和时代的发展。在能源革命的推动下，将不断优化能源结构，完善清洁能源供应基础设施建设，避免了高碳、污染、低效的能源基础设施锁定效应及路径依赖，不断提高电气化、天然气消费比例，增强电网建设里程和天然气管网数，各部门用能技术不断改进升级并向高效迈进。

二、提高天然气利用水平

2017 年，珠三角天然气消费占比仅为 11%，天然气占比均远低于美国、日本等发达国家。因此，能源结构有待进一步优化，提高天然气供应及利用水平。

（一）积极拓展天然气资源供应渠道

增加进口 LNG 资源，接纳国内陆上管道天然气，加大珠江口盆地番禺一流花、白云、荔湾凹陷海上常规天然气的勘探开发力度，加大利用南海海上天然气，继续扩大珠海高栏港、横琴岛等海上天然气接收基地的天然气接收规模，进一步提高天然气利用水平，促进天然气在城市、工业、电力、交通等行业的应用。

（二）降低天然气利用成本

天然气发电上网电价与发电成本倒挂，有必要出台相应的气电联动或两部制电价的燃气发电及燃气热电联产的补贴政策，弥补煤电对环境的负外部效应，矫正目前扭曲的天然气发电市场，降低天然气综合使用成本，扩大天然气消费规模。

（三）合理建设天然气接收站和应急调峰储气设施

稳步推进天然气接收和储运设施公平开放，加快推进天然气主干管网建设，加强天然气管道的互联互通，鼓励大用户直供，合理布局天然气销售网络和服务设施，以民用、发电、交通和工业等领域为着力点，实施天然气消费提升行动。

（四）适度发展天然气发电

鼓励大型建筑工业园区建设分布式能源系统，根据电力调峰需求和工业园区、产业集聚区的集中供热需要发展天然气发电。在能源转型情景下，到 2035 年气电占比有望提升到 44%。

三、改善交通用能结构

（一）运输结构优化

大力发展公共交通，努力构建通畅便利的公共交通体系，实现公交分担率到 2035 年提高到 60%以上；抑制私人小汽车保有量的增长速度和使用频率；大力发展铁路客运，以减缓公路客运和航空客运需求增长，使得粤港澳大湾区的城际客运结构逐渐由以公路运输为主导优化为以铁路运输为主导；鼓励发展水路和铁路货运，推广多式联运，粤港澳大湾区的货运结构逐渐由以公路运输为主导优化为水路、公路和铁路运输共同发展。

（二）鼓励推广清洁燃料

鼓励推广清洁燃料在交通领域的应用，力争在 2025 年实现石油达峰；大力推进汽车电动化进程，到 2035 年实现公交车和出租车 100%电动化；大力发展高速铁路和城际铁路，提高铁路运输的电气化率；发展氢燃料电池车，促进生物燃油技术研发，实现生物燃油在航空运输和水路运输中的小规模使用。

（三）提高交通工具能效

依靠燃料替代实现市内客运交通工具能源效率的提升，依靠技术进步和管理水平提升实现公路、铁路、航空和水路交通工具能源效率的提升，到 2035 年公路、铁路、航空和水路客运交通工具的能源效率较 2017 年分别提升 7.5%、15%、15%和 12%；公路、铁路、航空和水路货运交通工具的能源效率分别提升 15.6%、15%、15%和 12%。

四、加强电力产业建设

（一）加强电力需求侧管理

开展电力需求侧管理资源潜力调查，制定全省电力需求侧管理规划、年度工作目标和实施方案，并采取激励政策和引导措施，通过电网企业、能源服务公司、电力用户等共同参与，改变用电方式，减少电力消耗，提高终端用能效率。

（二）加快电网智能化发展

完善并推广应用需求侧互动技术、电力虚拟化及电力交易平台技术，提升电网系统的调节能力，加强智能电网技术的研发应用，推动先进基础设施和装备关键技术、信息通信技术及调控互动技术的研发示范。

（三）补齐电网基础设施短板

优化主网、做强配网、提升农网，提高电网输电能力和抗风险能力，加强东西两翼地区向珠三角跨区送电的通道建设。

（四）合理增加利用外来电力

在确保电力系统运行安全的前提下，合理增加“西电东送”规模，推进滇西北送广东特高压直流输电线路建设，完善“西电东送”市场交易机制。在能源转型情景下，增加外购电的输入，到 2025 年外购电比例增加到 50%左右，外购电清洁能源占比上升到 80%左右。

第二节 增量革命

一、能源转型增量需求

能源增量需求随经济增长、人口数量增加而增加，因此珠三角经济社会的发展也将形成巨大的能源消费需求。根据能源转型情景分析，珠三角能源增量到 2025 年和 2030 年分别增加 3637 万 tce 和 5270 万 tce（图 6-1）。

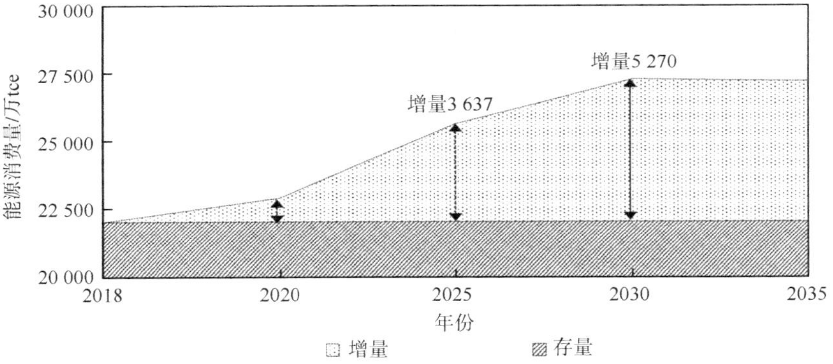

图 6-1 珠三角能源增量转型情景

（一）经济规模大，能源需求加大

2018 年珠三角 9 市的经济总量为 8.1 万亿元，预计到 2035 年将达到 29.5 万亿元左右，鉴于如此巨大的经济规模，相应的能源需求也将大幅增加。

（二）制造业占比大，油气需求增长长期存在

能源转型情景下，工业仍将为粤港澳大湾区经济增长提供约 1/3 的增加值，鉴于工业生产是能源消费大户，第二产业的油气需求增长将长期存在。

（三）城镇人口增长较快，生活能源需求增加

随着粤港澳大湾区城镇化的继续推进、居民收入的增加，以及人工智能、信息、电子产业的大发展，人均能耗也将相应增长。

（四）现代农业长期存在，农村能源转型需要重视

从区域用能需求看，珠三角地区目前仍有900多万农村人口，区域的生态发展区和重要农产品区对农村人口、农业发展的需求将长期存在，必须发展现代农业，实现农村用能结构和方式的转型。

（五）环境质量要求能源绿色低碳发展

从环境需求看，珠三角2017年的$PM_{2.5}$年均浓度为33μg/m^3，相较世界卫生组织的20μg/m^3还有较大差距。为实现建设生态优美的国际一流湾区的发展目标，未来在经济体量巨量增长的同时，必须坚持能源绿色低碳发展。

二、积极发展可再生能源

经过多年的发展，广东省可再生能源开发利用取得了一定成绩，达到了一定规模，同时促进了相关产业的发展。依托珠三角地区新能源产业和节能环保优势，应普及和推广先进高效节能技术和先进能源技术，加快发展风能、光伏和智能电网设备，壮大新能源产业。2018年，珠三角地区非化石能源消费占比为10%，其占比远低于美国、日本等发达国家。

（一）风电

根据《广东省陆上风电发展规划（2016—2030年）》，全省规划布局建设风电场址147个、总装机容量约870万kW。对于陆上风电，在珠三角城市中进入风电场划分区域的城市只有惠州、肇庆、广州和佛山，划入西部沿海区域的广州和佛山因沿海区域极其有限，新上的风电项目也将非常有限，因此未来的粤港澳大湾区陆上风电项目主要来自惠州和肇庆，新增的陆上风电装机容量约为128万kW。深圳、珠海、江门、东莞、中山5市由于受风资源条件、土地利用规划及政策等的限制，未来也将不规划布局新建风电场址；对于海上风电，坚持协调有序地开发风电资源，推动风电成为近中期可再生能源发展的重要新生力量，近中期风电发展以陆上风电为主、以近海风电为辅，中长期风电资源开发的重点为海上风电。在珠三角地区，珠海市在2016年开工建设了广东省首个海上风电示范项目——珠海桂山海上风电项目，首期装机容量为12万kW，二期装机容量为20万kW。装机容量为30万kW的珠海金湾海上风电场也计划于2022年建成；惠州市规划的装机容量为100万kW的港口海上风电场预计于2023年建成。珠三角地区的海上风电都属于近海浅水区域，集中于珠海和惠州地区的海域，到2025年后，总装机容量为162万kW。

（二）光伏发电

因地制宜开发光伏发电资源，推动光伏发电成为中远期可再生能源发展的主力军。《广东省太阳能光伏发电发展规划（2014—2020 年）》指出，在 2013 年，全省可安装分布式光伏发电系统的建、构筑物屋顶面积约 8000 万 m^2，其中珠三角地区约 6000 万 m^2，占 75%。在地面光伏电站资源方面，珠三角地区的土地比较稀缺，不适合大规模发展地面光伏电站。2017 年珠三角地区的实际光伏装机容量仅为 137 万 kW，仅占可建设的 20%，还有很大的提升空间。

光伏发电要坚持技术进步、降低成本、扩大市场、完善体系，以此推广对太阳能的开发利用。充分利用各类产业园区集中连片屋顶资源丰富、用电负荷稳定、电网接入能力强的优势，推动分布式光伏发电的规模化应用，鼓励各类投资主体建设分布式光伏发电系统，重点推进广州、深圳、珠海、佛山、惠州、东莞等地各类工（产）业园区、大型公共建筑物等的分布式光伏发电项目建设；探索研究新型高效太阳能电池，大幅提高电池效率，发展高效率晶硅太阳能电池等新型太阳能电池及组件、薄膜太阳能电池成套生产设备以及逆变器等配套设备，建设深圳、佛山、东莞光伏装备产业基地，形成太阳能电池上下游产业链研发与建设能力。在能源转型情景下，按保守原则设置的每年可建设光伏发电装机容量为 20 万 kW 来估算，到 2035 年光伏发电装机容量可达 1040 万 kW。

（三）生物质发电

根据珠三角地区各市可利用的秸秆、林木废弃物、畜禽废弃物、垃圾和污泥等生物质资源量，估算出珠三角地区生物质发电装机容量约为 240 万 kW。2017 年珠三角地区生物质发电的实际装机容量为 58 万 kW。

需因地制宜地选择合理的技术路线，推动沼气发电、生物质气化发电等，合理布局城市垃圾发电，积极发展生物质液体燃料、气体燃料、固体成型燃料。在农村和城镇推广沼气和成型燃料，在终端能源消耗中，主要提供炊事和锅炉等热能需求。在能源转型情景下，到 2025 年沼气提纯技术将基本成熟，工业化生产沼气产业初具规模，预计到 2035 年装机容量达到 200 万 kW。

三、安全高效发展核电

核电对实现绿色低碳发展具有不可替代的作用，且对煤电具有较强的经济竞争力和替代能力，因此核电将成为珠三角地区可持续能源体系的重要支柱之一。

2017 年珠三角核电装机容量占比仅为 10%，发电结构中核电占比为 18%。今后安全高效开发核电资源，使核电成为提供电力基础负荷的重要力量，成为粤港澳大湾区实现零碳电力的重要组成部分。在确保安全和质量的前提下，稳步推进核电发展，在采用我国和国际最新核安全标准的前提下，在珠三角沿海地区开工建设先进的三代压水堆核电试点项目。依托核电项目建设，发展核电装备制造、核燃料、技术服务等相关产业，建设广州南沙区、深圳龙岗区、江门台山市等核电装备产业园和深汕合作区核电高端装备基地。在第三代压水堆技术全面处于国际领先水平的基础上，推进快堆及先进模块化小型堆示范工程建设，实现超高温气冷堆、熔盐堆等新一代先进堆型关键技术、设备、材料研发的重大突破；实施核电专业人才队伍建设行动，加强核安全监督、核电操作及设计、建造、工程管理等关键岗位人才培养，完善专业人才梯队建设，建立多元化人才培养渠道。在能源转型情景下，加速推进核电建设，珠三角地区的核电机组容量将激增，到2035年核电装机容量将接近2600万kW，年利用小时数约达7400h。

四、提高清洁外调能源

珠三角经济高速发展、人口密度大、工业发达、电力需求高，同时受可用地的制约和可再生能源资源的限制，地区的电力有近1/2需要区外供应。2017年珠三角地区全社会用电量为4423亿kW·h，本地自供电为2209亿kW·h，自给率仅为49.9%。在外购电中，约1/4来自广东省内外的煤电与核电，约3/4来自云南、贵州等地区的西电东送。未来在粤东西沿海将新建大量海上风电和新增核电，有提高外购电清洁能源占比的潜力，另外，新增西电皆为清洁电力。在能源转型情景下，到2035年外购电比例增加到52%。提高省内外购电的比例，占比提高到39%，增强供电安全性。增加清洁外购电力，外购电清洁能源占比上升到100%。

第三节 用能转型

一、加快清洁低碳能源利用

为加快推进全省清洁能源建设、促进投资、稳定增长和优化结构，珠三角地区需大力开发海上风电，积极开发利用太阳能等其他可再生能源，积极发展战略性新兴产业，以期实现产业用能结构达到发达国家比例。具体包括：加快非化石能源发电等清洁电源的投资建设；依托互联网、智慧能源等新技术创新，形成分布式与集中式相容的新型电力供应体系，提高生产生活的电气化水平；推进生物质能、氢能对传统化石燃料进行替代。

以新一代信息技术产业、互联网产业、新材料产业、生物产业等为代表的新兴产业在珠三角地区蓬勃发展。在第四次工业革命的大背景下，新的技术和产业多点爆发，珠三角为未来具有全球影响力的国际科技创新中心，一批新兴产业首先在具有技术基础和人才储备的城市兴起，形成多个产业集聚带，将来有望成为区域新兴产业的重要力量。在全球生态文明建设、绿色发展和低碳发展的新形势下，低碳节能环保将成长为新兴产业中的一支重要力量，对吸纳就业人口、创造绿色产值、撬动投资需求、促进粤港澳大湾区经济与环境协同发展将发挥重要作用。低碳节能环保技术研发和装备制造是一个新的增长点；另外，工业、交通、建筑、电力等部门的用能结构和方式将发生改变，创造出新的消费需求，牵引产业创新发展，有力助推珠三角产业结构向知识和技术密集型转变，为绿色低碳产业、高端制造业、电子信息产业、能源服务业的发展拓展巨大空间。

二、推进电能替代发展

能源革命的根本任务是构建清洁、低碳、安全、高效的新型能源体系。电是清洁能源的最终利用形式，也是效率最高的利用方式。随着珠三角经济向服务型转变，以及消费者希望获得更加清洁和更为灵活的能源类型，应加快拓展电气化在各个领域的适用范围。

在新城镇化进程中，应大幅提高城镇电气化水平，特别是在交通运输领域。珠三角拉动电力增长的主要动力正从高能耗产业向第三产业和生活用电转换；在农村新能源建设方面，结合农村资源条件和用能习惯，大力发展太阳能、生物质能等，完善电力设施建设，推进农业生产电气化，推动用能形态转型；在终端能源消耗部门的工业、建筑业等方面，加快推广以电代煤，将工业锅炉、工业煤窑炉等的用煤改为用电；在工业制造方面，加快制造设备电气化改造，提高城镇产业电气化率；在工业部门方面，推动能源转型中的“再电气化”，紧紧围绕散烧煤替代，通过环境政策等约束中小燃煤锅炉、窑炉和散煤的使用，采取多种措施鼓励居民等终端用户以电代煤，充分发挥高效煤电机组的作用，将更多的煤转化成电；在交通运输方面，应加强城市公共充电基础设施建设，推进智能化基础设施建设，大幅提高电动汽车销售占比，全球正在掀起电动汽车研究与开发的热潮，围绕电池、自动驾驶、配套充电设置等重点技术以及各种租赁、共享模式的探索正在加快推进，有望加速电动汽车的发展；加快电气化与信息化深度融合，通过信息化手段，全面提升终端能源消费智能化、高效化水平，发展智慧能源城市，推广智能楼宇、智能家居、智能家电，发展智能交通、智能物流。

三、推动能源分布式发展

光伏、风能、天然气等分布式能源已经成为世界各国能源战略的重要内容。技术的进步也不断推动分布式能源商业化发展，分布式能源的需求用户逐步从工业用户向商业、住宅用户转变，随着装机规模向小型化、模块化发展，针对个人用户，德国、日本等国家的企业已经开发了模块集成化的微型分布式能源系统，以满足庞大的家用市场需求。珠三角地区对能源保障和生态环境的高度重视为发展分布式能源营造了良好的外部环境，大鹏LNG项目、珠海LNG项目、中海油海上天然气可以为天然气分布式能源系统提供充足、稳定的清洁燃料。对于具备条件的建筑、产业园区，应充分利用分布式天然气、分布式可再生能源，示范建设相对独立、自我平衡的个体能源系统。珠三角地区适合建立分布式能源的区域和类型，包括城市商业中心、公用事业单位、制造业工业园区、新开发的城区、新建的工业园区等，分布式天然气与可再生能源的发展可缓解城市区域气电调峰应急问题，解决电厂、工业锅炉等燃煤污染问题。

推动分布式能源健康稳定发展，建设分布式能源网络，基于用户侧的分布式储能设备，依托新能源、储能、柔性网络和微网等技术，实现分布式能源的高效、灵活接入以及生产、消费一体化，依托能源市场交易体系建设，逐步实现能源网络的开放共享；促进分布式能源业态互联网式发展，实现分布式能源之间的时间和空间耦合，通过对风、光、气等不同分布式能源发电时间的耦合，并结合需求响应侧和储能系统，将能源供给在时间轴上与能源需求耦合，降低能源供给和使用的成本；制定可再生能源分布式开发利用等的实施细则，逐步推行可再生能源电力配额管理办法，尽快形成分布式能源建设标准体系，积极探索适合分布式风电的市场资源组织形式、盈利模式与经营管理模式，探索微电网形式的风电资源利用；组织专家团队，为分布式能源项目，尤其是国家示范项目做好技术路线、设备选型与配套的咨询和服务工作。珠三角能源分布式发展路径如下：到2025年，实现能源供给以集中式为主，分布式能源作为重要补充发展模式，其中天然气冷热电联供系统得到普及，光能等可再生能源开发利用由集中式向分布式转型；到2035年，分布式能源在能源系统中的占比达到较高水平，风能、光能等分布式可再生能源得到普及；到2050年，分布式能源普遍存在，成为能源供给的主要力量，能源生产者和消费者可通过互联网化的能源交易平台实现自由交易。

第四节　智 慧 管 理

一、建立“互联网+”能源管理平台

国家发展和改革委员会等于 2016 年印发了《能源技术革命创新行动计划（2016—2030 年）》以及《关于推进“互联网+”智慧能源发展的指导意见》，指出要推动智慧能源管理与监管手段创新，重点研究基于能源大数据的智慧能源精准需求管理技术、基于能源互联网的智慧能源监管技术，以提升政府对能源重大基础设施规划的科学决策水平，推进简政放权和能源体制机制持续创新。要求发展能源大数据服务应用，实现能源大数据的集成和安全共享，拓展能源大数据的采集范围，实现多领域能源大数据的集成融合，打通数据壁垒，促进各类数据资源整合，提升能源统计、分析、预测等业务的时效性和准确度。

珠三角已在全国率先跨入中高收入阶段，在构建现代化的能源体系、加快产业结构升级和创新发展、实现能源精益化管理等方面，需要结合自身特点、功能定位和发展需求进行大胆探索、先行先试，建立先进的能源治理体系，推动能源生产、消费、技术和体制革命以及“互联网+”智慧能源示范，为全国其他城市和地区提供标杆与借鉴。为此，珠三角应加强协调，建立珠三角智慧能源管理系统，促进实现的目标有：建立覆盖能源资源生产、消费、价格、运输、储备、能效等信息的珠三角 9 市能源基础数据库，为能源战略规划、产业布局、能源信息管理及实现“互联网+”能源应用提供信息支撑；建立完善的能源数据采集、共享渠道和体系，实现省、市、县（区）三级能源信息系统互联互通，促进能源信息共享；建立完善的能源行业信息统计体系，推动系统内以及全社会能源信息资源的共享，满足政府、企业、公众不同层面对能源信息的需求，提高政府的信息公共服务能力；利用卫星影像建立珠三角 9 市能源地理信息系统，实现对珠三角 9 市主要能源项目的可视化和实时化管理，引导和监管项目建设；加强对珠三角 9 市能源运行的监测与监管，全面、及时地了解珠三角 9 市能源日度、月度、年度运行情况，分析能源形势，科学制定政策措施和工作预案；全面掌握国际、国内，特别是珠三角内外的能源资讯，进行行业对标，为加强能源监测预警、能源消费总量控制、应对重大突发事件、保障能源安全等提供决策支持。图 6-2 显示珠三角跨区域综合能源管理与辅助决策平台的建设内容。

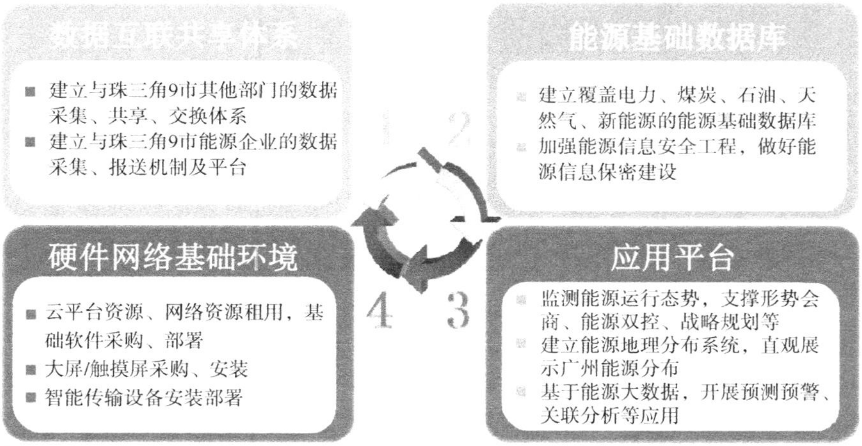

图 6-2 珠三角跨区域综合能源管理与辅助决策平台的建设内容

二、推动区块链能源发展模式

区块链作为下一代价值互联网，其分布式、去中心化、共享机制、不可篡改等突显优势可以极大地改变生产关系。在降低社会交易成本、增进机器互信、减少政府人为干预、杜绝市场违规行为、协助政府更好地监管、实现线上线下数据互通、激励社区成员共同努力方面将会发挥较好的作用。珠三角的广州、深圳在区块链技术应用、生态体系建立方面已经具有比较好的技术优势，运用场景也有落地之处，政府支持力度较大。珠三角应充分利用好区块链赋能实体经济的大好时机，抓住机遇，让区块链为能源产业所用。概括来说，区块链在推动能源革命方面可以以如下几种模式开展。

（一）“区块链+微网+分布式”模式

在以社区、家庭为单位的微网中，区块链技术可将产销两端直接对接，建立一体化的能源市场平台，规范交易行为。在此模式下，区块链技术嵌入在智能电表中，采用分布式记账方式存储生产/消费者的电量记录，便于供需双方直接交易。与以往生产/消费者与电网企业签订购售合同不同，该模式简化了交易流程，增加了生产/消费者的选择权。多余的电量有更灵活的处理方式，包括存储于储能电池备用、返回卖给电网、出售给小区微网中出价最高的买家、异地赎回（给在外行驶的电动车充电）等。“区块链+微网+分布式”的全新模式将使售电侧的竞争更加充分，为双向互动的能源交易提供更为灵活、可靠的支撑，对推动智能电网建设具有积极作用，而将对电网企业传统售电业务带来冲击。超前研判区块链技术的发展趋势，提前介入并产生影响，具有战略价值与现实意义。

（二）“区块链+能源碳交易”模式

建立在区块链技术上的能源虚拟货币将拥有更为灵活的应用场景。以碳交易市场为例，区块链技术不但可以保障碳配额交易的安全、可靠，还可以预先设定交易条件（如时间、地点、对象、数量），满足交易条件的系统将自动执行交易，不受任何人为因素的影响，使交易双方的权利、义务得到有效保护。我国能源领域已出现基于区块链技术的虚拟货币——碳票，得到国内资本市场和研究机构的高度关注。“区块链+能源碳交易”模式仍处于探索阶段，对改造能源领域的支付方式，促进节能环保产业发展，以及相关金融创新、商业模式创新具有一定推动作用，在金融产品创新、节能服务、合同能源管理等方面为电网企业提供了发展机遇，值得持续关注。

（三）“区块链+能源合同管理”模式

随着电力体制改革的深入，售电公司等新型主体日益增多，电力市场交易日益活跃，在传统电力交易中，电力交易数据的真实性一般由电网公司负责，但电力数据一般被集中保存在电网公司营销数据库中，交易信息容易被恶意篡改，其数据真实性与可信度易受到质疑，为增加电力营销电子合同的真实性与可信度，基于区块链的电力营销、能源合同管理系统值得探讨。电子合同签署后，电子合同数据不仅会保存在电网公司，还会同步转发至公证处和司法鉴定机构，区块链技术可以用来确保各方存储的电子合同数据信息的一致性，此外，公证处和司法鉴定机构还可以为这些数据的真实性提供担保，提高电子合同数据信息的权威性和可信赖性。

（四）“区块链+电动汽车”模式

区块链技术具有去中心化、不可篡改、可追溯的特点，可以应用于电动汽车充电服务、租赁服务、购车服务以及车险服务，助推电动汽车服务平台与整车企业、充电运营商、充电桩企业、金融保险机构的融合互通。目前区块链技术与各领域的结合应用仍处于探索阶段，随着技术的发展与成熟，区块链的应用可能将进一步促进构建电动汽车发展新业态，助力智慧充电、智慧出行、智慧能源充电服务、租赁服务、购车服务、车险服务。

第七章　能源革命推动主体功能区规划建设

珠三角是中国经济发展最活跃的地区之一，但地区经济发展极不均衡，经济发展长期集中在珠三角 9 市，珠三角 9 市生产总值占到 80%，粤东、粤西和北部山区地区生产总值约占 20%。珠三角经济在取得快速扩张的同时，开始面临越来越大的资源环境压力，人口密集、建设用地比重高，挤压生态用地，区域生态环境面临较大威胁。为加快珠三角地区产业升级、减弱地区经济发展差异，形成国土空间高效、协调、可持续开发，人口、经济、资源环境相互协调，公共服务和人民生活水平差距不断缩小的区域协调发展格局。2012 年广东省人民政府制定了《广东省主体功能区规划》，将广东省陆地国土空间划分为优化开发、重点开发、限制开发和禁止开发四类主体功能区域。根据国土空间格局的定位，充分考虑产业转移与升级、资源环境约束和能源流转成本，全面系统地优化能源开发布局，促使经济布局更加均衡、城乡区域发展更加协调、资源利用更加集约高效、生态系统更加稳定，可以基本实现人口分布与经济布局、生态环境相协调的局面。

第一节　优化开发区域的能源革命

一、优化开发区域功能定位

珠三角地区是国家级优化开发区域，目前已初步形成了珠江西岸先进装备制造产业带和珠江东岸电子信息等世界级先进制造业产业集群。珠江西岸包括广州北部和南部、佛山、中山、珠海等地，形成了技术密集型产业带，以装备制造业和农业为主，也在大力发展新材料、新能源、电子加工、生物医药等产业；珠江东岸包括广州东部和中部、东莞、深圳等地，该地区形成了知识密集型产业带，涵盖各类新兴产业和高科技产业，与互联网、人工智能、电子通信等领域都紧密相关。同时，珠三角地区各城市分工明确，城市间产业具有很大的合作潜力，珠三角各城市可实现优势互补，进一步促进珠三角地区制造业的发展。其中，服务业比较具有优势的城市有广州、深圳，此类城市服务业占比达到50%以上。制造业比较具有优势的城市有佛山、惠州、中山、珠海、江门、东莞，此类城市第二产业占比超过 40%。第一产业具有比较优势的城市有肇庆，第一产业占比超过15%。整体来看，制造业是广东省经济重要的组成部分，2018 年第二产业占比超过 40%。因此，优化开发区域的各城市之间形成完备的、互补性强的上下游产业链，让优化开发区域的制造业在协同发展中获益，使其成为区域经济持续向好的推动力。

二、能源革命的原则

优化国土空间开发布局，调整区域流域产业布局，培育壮大清洁生产产业、清洁能源产业，推进资源全面节约和循环利用，实现生产系统和生活系统循环连接，倡导简约适度、绿色低碳的生活方式。在能源消费革命方面，加快新型工业化步伐，大力发展先进装备制造、电子信息、新能源、文化创意等战略性新兴产业，不断提高第三产业比重，从衰退产业政策调整的角度，加快淘汰、转移高投入、高能耗、高排放的低附加值产业，提升产业层次；通过粤港澳大湾区的经济融合和经济一体化发展，打造先进制造业基地，发展与香港国际金融中心相配套的现代服务业，使珠三角地区成为全国经济发展的重要引擎，成为辐射带动华南、中南和西南地区发展的龙头。在能源供给革命方面，控制煤炭消费总量，新增能源供给来自非化石能源，利用好珠三角的区位优势，为全省能源基础设施打好基础。

三、能源革命的路线

在能源供给革命方面，优化能源布局和结构，确保大亚湾和岭澳核电站安全，适度建设骨干支撑电源和抽水蓄能等调峰电源。坚持分布式和集中式并举，以分布式利用为主，推动可再生能源高比例发展。加强电网建设，完善网络结构，提升电网智能化水平，提高电网的抗灾能力和应急能力。推进沿海核电、海上风电和天然气接收储运设施建设，推进能源基础设施一体化建设。加大油气等海洋能源资源的勘探开发，加快油气供应基础设施建设，统筹推进油气管网一体化和区域内石油储备基地建设。延伸能源上下游产业链，发展壮大能源装备产业，建设沿海电力、可再生能源、储运中转、油气资源开发和能源装备五大现代能源产业基地。

在能源消费革命方面，积极推动“广佛肇”“深莞惠”“珠中江”的建设，构建珠三角一体化发展格局。增强广州的高端要素集聚、科技创新、文化引领和综合服务功能，优先发展高端服务业，加快建设先进制造业基地，加强广州、佛山在汽车制造、重型及成套装备、船舶、平板显示器、新能源等领域的合作，形成若干先进制造业集群。增强深圳的科技研发和高端服务功能，以东莞、惠州为节点，大力发展金融、商务会展、物流、科技服务、文化创意等现代服务业，建设深圳通信设备、生物工程、新材料、新能源汽车等先进制造业。提升以珠海为核心，以江门、中山为节点的珠江口西岸地区的发展能力，重点发展中山临港装备制造、精细化工和健康产业基地，以及江门光源、能源、机电、装备制造等先进制造业基地。

第二节　重点开发区域的能源革命

一、重点开发区域功能定位

广东省域范围的重点开发区域包括国家重点开发区域——海峡西岸经济区粤东部分和北部湾地区湛江部分，省级重点开发区域——粤西沿海片区、珠三角外围片区［惠州市惠东县、博罗县，江门市鹤山市，肇庆市的四会市、高要区共 5 个县（市）］和粤北山区点状片区三个区域。该区域大部分分布在珠三角核心区的外围及粤东、粤西沿海，部分呈点状分布于北部山区，资源环境承载能力较强，发展潜力较大。重点开发区域建设是推动全省经济持续增长的重要增长极。重点开发区域需充分发挥区位、资源优势，大力发展基础产业，与珠三角核心区及北部湾地区、海峡西岸经济区连成华南沿海临港工业密集带，共同成为全省经济持续增长的新极核。同时，重点开发区域需积极、有序、有选择地承接珠三角核心区的产业转移，促进全省产业升级与区域经济协调发展。此外，重点开发区域也是全省重要的能源基地，因此应注重其核能以及沿海地区陆地风电的开发，促进全省能源的结构优化与清洁化发展。

二、能源革命的原则

重点开发区域在优化结构、提高效益、降低消耗、保护环境的基础上推动经济可持续发展。推进新型工业化进程，增强产业集聚能力，积极承接产业转移，形成分工协作的现代产业体系。加快推进城镇化进程，壮大城市综合实力，改善人居环境，促进人口加快集聚。确保发展质量和效益，大力提高清洁生产水平。

统筹规划建设交通、能源、环保、防灾等基础设施，构建完善、高效的基础设施网络。保护生态环境，减少工业化、城镇化对生态环境的影响。把握开发时序，区分近期、中期和远期，实施有序开发。在能源供给革命方面，重点开发区域是全省重要的能源基地，可安全高效发展核电，开发适宜发展风电的沿海地区陆地风电资源，适当发展火电，建设大型清洁高效煤电机组，以提高单位地区生产总值能耗为目标，推动能源供给侧能耗降低；在能源消费革命方面，重点开发区域推进新型工业化进程，增强产业集聚能力，形成分工协作的现代产业体系。同时，重点开发区域在承接优化开发区域产业转移的过程中，建立产业准入门槛和淘汰机制，优化能源消费结构，减少能源发展对生态环境的破坏，促进产业升级及区域经济与生态的协调发展。

三、能源革命的路线

在能源供给革命方面，加强能源生产和供应保障能力建设，加快推进阳江等地的核电项目建设；有序推进沿海大型燃煤电厂建设，加快现役煤电机组升级改造，新建大型机组采用超临界等最先进的发电技术，建设高效、超低排放煤电机组，推动实现燃煤电厂主要污染物排放基本达到燃气电厂排放水平，建立世界上最清洁的煤电体系；有序规范推进沿海地区陆上风电开发，研究大型风电系统成套技术；加快粤东、粤西沿海地区大型炼油基地和液化天然气接收站等油气基础设施建设，统筹推进油气主干管网建设，稳步推进石油储备基地和大型煤炭中转基地建设；积极开发风电、太阳能、生物质能等新能源和可再生能源。

在能源消费革命方面，积极承接珠三角及国内外产业转移，推进产业转移工业园建设，促进产业集聚发展。海峡西岸经济区粤东部分应大力发展能源、石化和临港工业，提升发展电子信息、玩具、陶瓷、精细化工、纺织服装、机械制造、医疗器械、音像制品、医药及食品等优势产业，走自主创新创造名牌的发展道路；北部湾地区湛江部分和粤西沿海片区应积极承接珠三角及国内外产业转移，重点发展临港钢铁、石化、装备制造、能源、物流等产业，建设主要利用海外资源的沿海重化工业产业带；珠三角外围片区处于承内启外的重要区位，资源、环境承载力比核心区强，是核心区产业转移的就近承接地和珠三角地区对外辐射的门户区域，应大力发展先进制造业，改造提升传统优势产业，打造肇庆传统优势产业转型升级集聚区；粤北山区点状片区应大力发展绿色环保型特色产业，推动特色农业、旅游业、资源型加工业的发展，加快传统产业的转型升级，限制、淘汰污染性产业。

第三节　限制开发区域的能源革命

一、限制开发区域功能定位

限制开发区（即生态发展区）分为重点生态功能区和农产品主产区两种类型。重点生态功能区以南岭山地为主体，包括国家重点生态功能区南岭山地森林，生物多样性生态功能区粤北部分，以及省级重点生态功能区——北江上游、东江上游、韩江上游、西江流域（珠三角肇庆市 2 个县）、鉴江上游 5 个片区和分布在重点开发区域的珠三角惠州惠东县和肇庆高要区；国家级农产品主产区包括惠州龙门县以及江门台山、开平、恩平等市。限制开发区域是广东省重要的生态屏障，对保障生态安全具有无可替代的作用，是重要的水源涵养区，也是重要的生态旅游示范区、人与自然和谐相处的示范区和农产品生产区域。

二、能源革命的原则

在能源供给革命方面，积极发展光伏发电、生物质发电，有效利用当地可再生能源资源，切实完善电网等基础设施建设，缩小城乡生活用电差距；在能源消费革命方面，重点生态功能区要在严格控制开发强度和保护水资源及生态环境的前提下，选择适当区域进行适度开发、承接产业转移，产业转移园以点状开发为主，围绕产业转移园进行产业集聚布局时，注重产业生态化集聚，构建企业间物质互补循环网络，实现经济发展与生态环境的协调适应。在农产品主产区优化农业生产布局和品种结构，搞好农业布局规划，科学确定不同区域的农业发展重点，形成优势突出和特色鲜明的产业带，积极推进农业的规模化、产业化，发展农产品深加工，拓展农村就业和增收空间。

三、能源革命的路线

在能源供给革命方面，切实提升农村电力的普遍服务水平，完善配电网建设及电力接入设施、农业生产配套供电设施，缩小城乡生活用电差距。加快转变农业发展方式，推进农业生产电气化。通过建设太阳能光伏电站、开发水电资源等方式，探索能源开发收益共享等新机制。建立农村商品化能源供应体系，稳步扩大农村电力、燃气和洁净型煤供给，加快替代农村劣质散煤，提高物业化管理、专业化服务水平。统筹推进农村配电网建设、太阳能光伏发电和热利用。在具备条件的农村地区建设集中供热和燃气管网。就近利用农作物秸秆、畜禽粪便、林业剩余物等生物质资源，开展农村生物天然气和沼气等燃料清洁化工程。到2035年，农村地区实现商品化能源服务体系。

在能源消费革命方面，重点生态功能区以保护和修复生态环境、提供生态产品为首要任务。严格控制开发强度，严格限制城镇发展用地和农村居民点用地，严格保护现有耕地，禁止可能威胁生态系统稳定、生态功能正常发挥和生物多样性保护的各类林地利用方式和资源开发活动，严格控制林地转为建设用地，减少城市建设、工矿建设和农村建设占用林地的数量；在不损害生态功能和严格控制开发强度的前提下，因地制宜地发展资源环境可承载的特色产业，适度发展资源开采、农林牧渔产品生产和加工、观光休闲农业等产业，积极发展旅游等服务业。依托山地及资源优势，重点建设特色农产品生产基地，合理开发利用铜、铅、锌等矿产资源；在现有城镇布局的基础上进一步集约开发、集中建设，重点规划和建设资源环境承载能力相对较强的县镇。积极引导村镇第二产业向省级重点产业转移园集中，加强道路、供排水、垃圾污水处理等基础设施和教育、医疗、文化等公共服务设施建设。

第四节 禁止开发区域的能源革命

一、禁止开发区域功能定位

禁止开发区域包括依法设立的各级自然保护区、风景名胜区、森林公园、地质公园、重要水源地、湿地公园、重要湿地以及世界文化/自然遗产等，呈点状分布于全省各地。禁止开发区域是维护国土生态安全、保护自然资源与文化遗产、保全生物多样性、维护自然生境、促进人与自然和谐发展的核心区域。全省共有911个禁止开发区域，面积为25 646km^2，占全省面积的14.27%。

二、能源革命的原则

推动能源消费革命，发挥生态资本的价值化作用，完善生态补偿机制，通过转移支付对重点生态功能区的县（市）给予适当补偿，增强其提供基本公共服务的能力。首先要实行强制性保护。禁止开发区域要依据法律法规规定和相关规划实施强制性保护，严格控制人为因素对自然生态和文化/自然遗产原真性、完整性的干扰，严禁不符合主体功能区定位的各类开发活动，引导人口逐步有序转移，实现污染物零排放，提高环境质量。坚持以物种就地保护为主，重点保护南亚热带季风常绿阔叶林、河口沿海红树林等生态系统。强化水资源及水生生物资源保护，重点保护海洋海岸生物多样性区域。其次要实行分类管制。各类禁止开发区域应根据自身特点和主次功能，以相关的法律法规规定为依据，按照严格的分类保护策略和管制要求，明确在区内允许存在的人为活动、工程设施以及相应的限定条件。

三、能源革命的路线

在禁止开发区域内，积极推行发展绿色建筑，提高建筑节能标准，推广超低能耗建筑，推广应用绿色建筑材料，发展装配式建筑；大力发展低碳交通运输体系，加快新能源汽车的推广应用，完善步行和自行车等慢行交通系统和绿道建设；发挥森林碳汇作用，推动生态资本化、生态补偿机制在禁止开发区域的落实。对于在景区内进行的建设活动，建设单位、施工单位应当制定污染防治和水土保持方案，并采取有效措施保护好景物、水体、植被、野生动物资源和地形地貌，森林公园可适度发展森林生态旅游、生态农业等生态产业，按照园区总体规划，适当进行道路、防火通道、科普教育场馆等公共设施建设。

第八章　能源革命推动区域空间整体规划

第一节　城市区域能源革命

一、城市区域能源定义及现状

城市区域能源是指满足城市区域内多个终端能源需求，在充分考虑区域内现有能源资源和设备资源的基础上，通过对各种设备、技术、系统进行综合、集成、互补应用，并统合考虑区域外能源，因地制宜地完成能源生产、供应、输配、使用和排放的全过程。随着城市化进程的加速，城市普遍出现了人口集中、建筑集中、功能集中的紧凑型区域发展模式，成片的建筑群、街区、园区出现。广义上的区域能源消费包括区域内工业、交通、建筑的总能耗。狭义上的区域能源消费则指与建成环境，即建筑直接相关的能源消耗。建筑能耗是指建筑在使用中产生的能耗，包括满足供暖、通风、空调、照明、电器、动力、热水、设备等需求的能耗，除此之外，还包括建筑材料生产过程及建造过程中产生的能耗，该能耗在整个建筑生命周期的能耗中占到了85%。

目前，全球城市能源消费占全球能源消费总量的2/3以上。我国也已开始步入区域能源消费时代，供暖、供冷、照明等居民用能逐渐成为整个城市的发展主流。2017年珠三角地区工业产业能耗约占总能耗的40%，交通能耗约占27%，电力能耗约占22%，建筑能耗在总能耗中的占比较低，仅为11%。未来随着产业结构转型升级和创新驱动发展升级，产业用能逐步转移到建筑用能上。与此同时，随着第三产业比重的提高，建筑能耗也会增加。因此，在生态文明时代，城市能源消费的一个显著变化是“工业能耗降、建筑能耗增”。城市的容积率、街区密度、路网形态、建筑形态都决定了城市能耗的高低。在工业文明时代，城市能源的运行模式是集中式生产、大范围输送。而在生态文明时代，将颠覆过去集中式生产、大范围运输、集中消费的模式。

二、措施建议

城市区域能源的发展趋势是：电气化、能源高效化、加快脱碳化、建筑一体化、智慧能源化，以此最大化利用城市内外部清洁能源，实现城市跨行业系统的融合优化。推动紧凑型城市和城市群发展，全面普及超低能耗建筑、公共交通、智能电网、分布式能源体系，推动城市能源环境服务普惠化、公平化、现代化；加快技术创新，对交通、建筑、工厂、园区、城市等进行一体化设计，实现基础设施智能集成，从源头上实现资源能源的集约、高效和优化利用。

（1）加强能源供需总量平衡的战略能源规划和城市能源基础设施建设的专项规划的协调性。如电力规划、热力规划和燃气规划，这些专项规划之间缺乏一定的协调性，现阶段的分布式能源系统能从区域整体性规划出发，发挥能源梯级利用，使能源供需整体利益实现最大化。

（2）关注能源、环境、经济的耦合效应，提高城市可再生能源消费比重。遵循新城镇、新能源、新生活的发展理念，分布式能源可采用天然气、可再生能源等清洁能源作为燃料，较之传统的集中式能源系统将更加环保，积极推动各类新能源和可再生能源技术在城市区域供电、供热、供气、交通和建筑中的应用，显著提高城市可再生能源的消费比重。

（3）推进智慧能源建设，促进城市群一体化发展。智慧能源城市利用了先进的电力电子技术、互联网技术，以及人工智能技术等，从能源层面解决城市发展中遇到的“城市病”问题，智慧能源城市将重点推进新能源与智能电网产业发展；以智慧能源建设低碳城市，保护地方的生态和旅游资源；以智慧能源与智慧城市的互动促进地方经济社会发展和城市绿色交通产业发展。

第二节　产业集聚区能源革命

一、产业集聚区能源定义及现状

产业集聚区是指同类或相关产业集聚在地域的某个区域所形成的空间载体，它包括企业空间的集中和人口空间的集中。产业集聚是产业发展的内在规律，是在市场经济的条件下工业化发展到一定阶段的产物。产业在空间上的集聚有利于基础设施的共享，从而达到规模经济的效益，所以它已经成为经济发展的趋势。珠三角如今已成为当今中国规模较大的产业集聚区域之一，在其发展过程中形成了以下特点：一是珠三角形成了各具特色的产业集聚，包括由历史积淀发展起来的产业集聚区（如佛山的陶瓷工业等）、与外资企业合作而形成的制造业产业集群（如广州的汽车工业），还有依靠政府扶持和引导发展起来的产业集群（如深圳的高新技术产业）；二是珠三角的产业集聚属于外向型，承接的产业主要还是低附加值、生产劳动密集型部门；三是珠三角已经形成了具有一定特色的三大产业分工与集聚体系，产业集聚形态、层次越来越高，规模范围与产业规模也越来越大，关联度越来越高，地方联系与区际合作也越来越密切。但产业快速发展的同时，由于产业层次总体偏低、产品附加值不高、能源资源保障能力不足等，资源能源的粗放利用导致生态环境功能较大程度地退化，这成为制约珠三角地区产业可持续发展的瓶颈。

根据产业集聚区的规划布局，园区内的产业大致可分为离散型制造业、过程工业和新兴研发产业三种类型。从用能需求来分析，离散型制造业主要有通信和电子设备、汽车、机床、各类家电、服装等产业类型，消耗的能源以生产加工设备所消耗的动力为主，主要消耗电能，其用能特点基本与建筑物终端用能相近；过程工业包括电力、冶金、化工、建材、食品、医药等工业类型，与离散型制造业相比，其用电占总能耗的比例较小，而热力用量较大；新兴研发产业包括电子信息、新材料、生物技术、节能环保、新能源等，所需用能主要以燃气和电为主。由上述分析可知，各类型产业园区呈现电/冷/热等多元化的用能需求。同时，产业园区所在的特定地理位置和复杂的地形地貌，可导致相应气候和生态条件复杂多样，因而不同区域的产业园区具有不同的自然资源优势。在不同的应用场景中，不同类型的能源形式扮演不同类型的角色，而主导能源形式也随之变化。考虑综合能源系统因地制宜、统筹开发、互补利用的实施原则，未来产业集聚区综合能源系统既包括热电冷联供分布式能源站、分布式光伏等电源设备，也包括电池储能设备、蓄冷/热储能设备，还需要依靠电网和冷/热管网进行能量输送，在实际应用过程中，需要根据具体的环境和需求进行综合考虑。

二、措施建议

产业集聚区综合能源系统是能源工业发展的全新形态，相关关键技术、业态及模式等正处于起步和探索发展阶段。珠三角产业集聚区能源革命设定了“绿色低碳、经济环保、多能互补、智能互联”的能源建设目标。未来将以互联网深度应用为基础，以电力系统为核心，将供气系统、供热系统与电力系统等集成起来，横向角度上实现电力、燃气、供热等一体化多能互补，纵向角度上实现源网荷储全环节高度协调与灵活互动、集中化与分布式相互结合的能源网络。

（1）近期发展是产业集聚区能源自身的互联阶段。主要以电力系统为中心，在多类型能源网络物理上实现互联互通，实现横向角度的多能互补。大力推动产业集聚区综合能源系统试点和示范工程，因地制宜、积极建设一批不同规模和类型的试点和示范工程，推动综合能源信息基础设施的建设，包括产业集聚区综合能源系统的智能化能源生产消费基础设施、信息通信基础设施以及多能协同综合能源网络建设。

（2）中期发展是能源基础设施和信息基础设施的互相促进阶段。一方面，互联网深度应用促进产业集聚区综合能源系统产生新的商业模式，形成第三方综合能源服务和能源金融等一批新型业态；另一方面，分布式能量管理体系形成，信息的高效流动使分散式决策代替了集中式决策的全局系统优化，实现了产业集聚区综合能源系统资源配置的最优。

（3）远期发展是能源基础设施和信息基础设施的深度融合阶段。在能源生产及消费各环节实现深度自动化、智能化和定制化，在能源系统多参与主体之间实现灵活协调和互动，产业集聚区综合能源系统多形态、规模化发展，形成新型综合能源系统产业格局，产业集聚区综合能源系统产业体系基本完善，成为经济发展和增长的重要动力。

第三节　中央商务区能源革命

一、中央商务区能源定义及现状

中央商务区高度集中了城市的经济、科技和文化，主要以办公（包括金融和贸易）建筑及其衍生性的（包括会议和展示）建筑为主，其中办公建筑分为纯办公建筑和办公综合体两种。此外，还包括商业服务类设施（零售、餐饮、酒店、娱乐及文化建筑等）以及公寓和住宅。中央商务区高楼林立、建筑密度大，其发展将面临高能耗与高污染等一系列绿色生态问题。在交通方面，由于商务办公、购物娱乐、公寓酒店等服务功能的高度集聚，整个交通系统呈现出区域内外衔接复杂、出行时间分布不均、交通需求强度高等特征，尤其在每日上下班高峰时段，骤增的车流更易超出道路空间的承载能力而发生拥堵，车辆拥堵时的燃油消耗比正常行驶状况下高10%左右，进一步增加了能耗。在建筑方面，中央商务区所处地段通常为城市中心区的黄金地段，用地紧张、地价高，其建筑群多为密集式向高空发展的高层和超高层建筑，建筑的高容积率必然导致在单位用地面积上产生较高的建筑空调费用等。

公共建筑单位面积能耗已达高位，但和发达国家对比仍有增长的空间，当前以生产和生活服务业为主的第三产业比重不断上升，消费需求从单一向多元过渡，产业集聚、金融创新带来多业态混合发展，也带来了一些综合用能体的集聚能源消费，例如，大型商业综合体、交通枢纽、超算及数据中心、移动基站、区域中心功能区、产业集聚区、金融城等都将进一步提高公共建筑能耗。

二、措施建议

（1）既有的中央商务区。一方面，推动绿色交通，加强慢行及公共交通规划，建立完善的公交接驳系统，在轨道交通站点、常规公交车首末站设置自行车租赁点。鼓励使用清洁能源车辆，推广节能型公交车、混合动力车、有轨电车等，在停车设施中设置充电桩等配套设施。另一方面，改变传统的粗放型的能源供应方式，中央商务区内的建筑容积率大，使得区域供能可能成为一种节能的方式，应实施终端一体化集成供能工程，因地制宜地推广天然气热电冷三联供、分布式再生能源发电、地热能供暖制冷等供能模式，加强热、电、冷、气等能源生产耦合集成和互补利用。

（2）新规划的中央商务区。将生态理念融入建筑规划、设计、施工以及建筑材料生产中，使用对人体无害的环保节能型建筑材料，充分利用地热能、太阳能、风能来满足建筑物的能耗。明确并严格执行建筑节能标准，加强对新增建筑的节能管理，确保施工阶段执行节能强制性标准的比例不断提高。加强成熟、适用建筑节能新技术的成果转化和推广应用，推广建筑节能新技术、新产品，鼓励和扶持太阳能等可再生能源在建筑领域的规模化利用。

第四节　居民生活区能源革命

一、居民生活区能源定义及现状

生活能源消费作为能源消费的重要组成部分，其消费模式反映了居民生活方式的变化。根据居民消费模式将居民消费用能分为两类：一类是居民生活用能，即居民生活中的直接消耗能源产品，包括基本家庭用电，以及家庭炊事、房屋取暖和私人交通用能等；另一类是居民消费品嵌入式用能，即居民在衣、食、住、行中消费的餐饮、建筑等第三产业能源。

居民能源消费需求受多种因素的影响，主要有城镇化水平、居民人均可支配收入水平、商品能源的价格、替代商品的价格以及人口数量与结构的变动、政府的消费政策、消费习惯等，这些因素会对居民的能源消费需求产生不同的影响。

城镇化会导致居民生活能源的消费习惯和利用方式产生变化。一方面，城镇的能源供应系统相对完善，城镇居民可以非常便捷地享受到清洁、全面的能源服务，这无疑会极大地促进居民生活能源的消费。另一方面，城镇化后，农村人口移居城镇，他们将改变过去传统的能源消费方式，转而消费电力、热力、天然气等清洁能源，此消彼长，居民的生活能源消费结构将产生巨大的变化，生活用能的质量和效率也必然有所提高。居民人均可支配收入水平对生活能源消费具有正向影响；商品能源的价格与居民生活能源的消费呈负相关关系，能源价格的上升会导致需求减少；消费习惯对居民生活能源的消费也将产生影响，如有些人喜爱电器，有些人喜欢煤气灶等，这些消费习惯与偏好无疑会对居民生活能源的消费产生极大的影响。政府的消费政策将会直接刺激能源的消费。例如，这几年屋顶光伏分布式的快速发展主要是受到了政府补贴政策的激励，新能源汽车的补贴也在某种程度上扩大了新能源汽车的消费量。

城镇化的快速推进以及建设新型城镇化的迫切需求，将直接导致能源消费结构的变化与调整。图 8-1 显示广东省城镇化率与居民能源消费占比的关系。随着城镇化率的提高，以及居民生活水平的不断提高，居民能源消费量也不断上升，两者之间呈现出非常相似的关系。广东省城镇化率在 2010～2018 年提高了 4.5 个百分点，城市人口增加了 905 万人，居民能源消费占比提高了 7.4 个百分点，增加了 5000 万 tce 左右。城镇化会导致居民生活能源的消费习惯和利用方式产生变化。表 8-1 显示 2010～2018 年珠三角电力消费情况。人均电力消费量在 2010～2018 年增长了 35.8%，电力占总能源消费比例增长了 3.3 个百分点，呈增长趋势且增长幅度明显。电能替代与清洁替代也表现明显，居民的能源消费逐渐呈现出清洁化、低碳化特征。

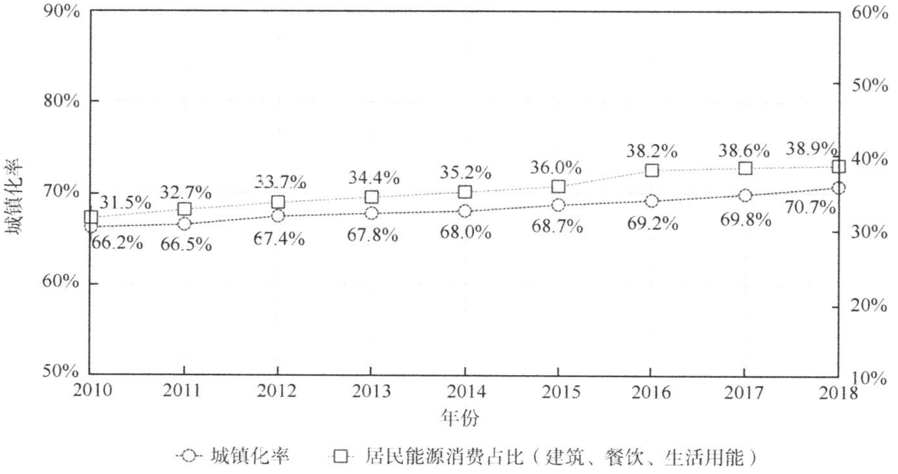

图 8-1　城镇化率与居民能源消费占比的关系

表 8-1　珠三角电力消费情况

年份	2010	2011	2012	2013	2014	2015	2016	2017	2018
人均电力消费量/kW·h	5459	5777	5980	6157	6599	6659	6888	7202	7416
电力占总能源消费比例	22.8%	22.8%	23.1%	23.2%	24.3%	24.2%	25.0%	25.8%	26.1%

二、措施建议

在能源革命的推动下，珠三角地区的居民生活用能向电能替代、清洁替代方向发展。需制定合理的能源政策和规划，倡导居民消费模式向绿色消费、可持续性消费转移，在衣、食、住、行、游等方面，加快居民生活能源消费向着更加清洁、更加低碳、更加合理的方向发展。

（一）制定合理的能源规划和政策，理顺能源管理体制

城镇化的过程必然伴随着能源的生产和消费，清洁、高效、低碳的能源利用需要政府制定合理的能源规划和政策，以指导城镇居民生活用能更加合理。合理的价格可以避免用能过程的浪费，督促大家养成节约的用能习惯和意识；合理的补偿机制可以鼓励居民积极尝试新型能源利用方式，例如，对分布式能源的补贴政策可以有效地刺激市场的发育，鼓励广大居民尝试新的技术；理顺城镇化过程中能源管理的体制机制，在制定协调城镇化与生活能源消费、环境保护之间关系的政策时，要充分考虑当地居民的收入情况。

（二）实施新城镇、新能源、新生活行动计划

按照城乡发展一体化和新型城镇化的总体要求，科学编制城镇规划，优化城镇空间布局，推动信息化、低碳化与城镇化的深度融合，建设低碳智能城镇。坚持集中与分散供能相结合，制定城镇综合能源规划，大力发展分布式能源，科学发展热电联产，鼓励有条件的地区发展热电冷联供，发展风能、太阳能、生物质能、地热能供暖，因地制宜地建设城乡供能设施，推进城乡用能方式转变，提高城乡用能水平和效率。

（三）加快农村用能方式变革

抓紧研究制定长效的政策措施，推进绿色能源县、乡、村建设，大力发展农村小水电，加强水电新农村电气化县和小水电代燃料生态保护工程建设，因地制宜地发展农村可再生能源，推动非商品能源的清洁高效利用，加强农村节能工作，

实施全民节能行动计划，加强宣传教育，普及节能知识，推广节能新技术、新产品，大力提倡绿色生活方式，引导居民科学合理用能，使节约用能成为全社会的自觉行动。

（四）因地制宜、充分发展分布式能源和多能互补技术

要充分发挥可再生能源的优势，因地制宜，合理规划，有区别、有侧重地发展分布式能源。对自然界分散的风能、太阳能、水能、生物质能、地热能等资源要综合开发利用，并积极尝试新的能源利用方式与技术，如分布式能源、储能以及微网技术，从而建立起一套清洁能源之间多能互补的能源供应体系。

（五）调整生活用能模式，鼓励城市居民绿色出行

适应个性化、多元化消费需求的发展，引导消费者购买各类节能环保低碳产品，减少一次性用品的使用，限制过度包装；普及家庭电器节能标准，推广绿色照明技术、通风空调制冷节能技术等，示范应用节能高效产品，鼓励利用可再生电力实现建筑供冷、炊事、热水供应，逐步普及光伏发电与建筑一体化；合理转变居民的生活能源消费习惯，增加清洁能源、高效率能源在居民生活能源消费中的占比，提高使用高节能效率家电的占比，完善能源汽车推广应用扶持政策体系，加强公共交通、低碳交通工具出行，鼓励居民绿色出行；增强公众参与程度，扩大信息公开范围，使全体公民在普遍享有现代能源服务的同时，保障公众知情权，发挥社会组织和志愿者作用，引导公众有序参与能源消费各环节。

第九章　能源革命促进管理体系现代化

第一节　构建有效竞争的能源市场体系

一、加快形成现代能源市场体系

能源体制革命要求构建有效竞争的市场结构和市场体系，形成主要由市场决定能源价格的机制，创新能源科学管理模式，建立健全能源法治体系，为推动能源生产和消费革命，打造清洁低碳、安全高效的现代能源体系提供体制保障。

珠三角地区的政府部门要减少对能源市场的干预，减少对能源资源直接分配和微观经济活动的行政管理，抓紧构建基础性制度，保障资源有序自由流动；政府要分离自然垄断业务和竞争性业务，推进垄断环节改革，完善市场准入制度，全面推进能源行政审批制度改革，完善负面清单，鼓励和引导各类市场主体依法平等地参与负面清单以外的能源领域的投资运营；需建立调度、交易独立的电力系统运营机构，实施输电网与配电网业务和资产的有效分离。建立完善的油气、煤炭、电力以及用能权等能源交易市场，确立公平、开放、透明、统一的市场规则，对油气、煤炭等资源的矿业权完全采用招投标方式，通过市场竞争有偿取得；要推进油气管网产权独立以及管道运输服务和销售业务的完全分离，全面强制推行管网等基础设施第三方公平准入；要加快培育全球能源互联网、泛能网和综合能源服务市场，构建集中式能源、分布式能源以及储能设备、负载设备无差别对等互联的能源系统。建立绿色能源市场交易中心，建立兼容期货与双边合约、中长期交易和现货交易相结合的绿色金融体系。

二、全面推进能源企业市场化改革

珠三角地区的能源消费中，电力、天然气、油品的消费占比超过 60.0%。电力和天然气输送的网络型特征易于形成自然垄断。同时，在一体化垂直供应和上游供给短缺的情况下，也易于形成垄断价格。因此，今后为推进能源企业的市场化改革，应加快国有能源企业的改革创新，通过混合所有制改革、组建国有资本投资运营公司和建立现代企业制度等一系列改革，尽快促使国有能源企业成为公平参与市场竞争的市场主体；应着力推进电力、油气等重点行业的国有能源企业分类改革，鼓励民营企业进入能源竞争性领域，形成有效竞争的能源市场体系；优化国有资本布局，完善现代企业制度，提高投资效率，充分发挥国有能源企业在保护资源环境、加快转型升级、履行社会责任中的引领和表率作用，更好地适应能源消费需求升级。

第二节　建立能源价格形成与成本审核机制

一、加快推动参与全球能源定价系统

全面放开竞争性环节价格，凡是能由市场形成价格的都要交给市场，充分发挥市场决定价格的作用。实施“管住中间、放开两端”的电力价格机制，建立完善独立、基于绩效的激励性输电和配电价格体系；全面放开成品油和天然气价格，依托石油天然气交易中心，石油、天然气价格主要由供需双方协商或市场竞价形成。科学核定自然垄断环节的价格，按照“准许成本+合理利润”的原则，完善电网、石油和天然气等管网业务的输配成本；逐步消除价格的交叉补贴现象，建立对生活困难群体的专项补贴，逐步将“暗补”变为“明补”。充分发挥能源领域财税政策的引导和支持作用，建立完善、具有能源资源导向性、反映生态与环境效益的资源税制，深化资源税改革，完善环境保护税制度，完善碳交易市场；构建系统性强、预期明确的财税优惠政策体系，对可再生能源、非常规石油和天然气实施税收优惠，同时将生物质能、氢能等新能源纳入财政补贴范围，同时创新补贴方式，直接补贴给终端消费者。

2019 年 11 月 11 日成立的粤港澳大湾区国际能源交易中心是保障粤港澳大湾区能源供应、服务“一带一路”能源产业可持续发展的重要举措，是推进中国参与全球能源定价系统的重要载体。借此契机，粤港澳大湾区前期以现货交易为主，中后期展开“期现结合”的创新模式，实现“现货+期货”业务上线。国际能源交易中心将通过促进能源行业整合、优化产业链，构建一个多层次及以市场为导向的现代化交易平台体系，为全球能源企业搭建一个开放、多元、互动、公平和高效的国际能源交易平台，服务世界油气领域里的大中小型企业。

二、加强政府定价成本监审工作

成本监审是政府定价的重要程序，是价格监管的主要内容，加强政府定价成本监审是价格工作定位转型的重要方向。能源及其服务业在制定或调整价格时都要进行成本监审，要遵守“谁定价、谁监审”的原则，各级价格主管部门履行成本监审主体责任。

珠三角地区的价格管理部门需要加强成本监审，实行目录清单管理，健全成本监审制度，加快修订成本监审办法，健全通用审核指标体系，创新成本监审方式，加强信息化管理，逐步建立健全成本信息公开制度，实现成本信息公开制度化、规范化和常态化。另外，积极推动能源领域的简政放权，研究探索符合行业特性和市场化方向的简政放权方式，最大限度地减少政府对资源的直接配置。健全政府在重要民生和部分网络型自然垄断环节对价格的监管制度。落实和完善社会救助、保障标准与物价上涨挂钩的联动机制，保障困难群众的基本用能需求。

第三节　促进城市间能源要素自由流动

一、推进能源基础设施互联互通

基础设施互联互通是“一带一路”建设的优先领域，其进展事关“一带一路”建设全局，能源行业也是如此。应加强与国内能源资源丰富省份和泛珠三角区域的能源合作，深化与西南省份“西电东送”的合作。加强粤港澳大湾区能源基础设施互联互通建设，积极支持珠三角地区能源企业参加国内能源项目开发，加强与央企、外资企业、民营企业等各类大型能源集团公司合作，落实企业战略合作协议；拓展粤港澳大湾区能源基础设施建设与合作，改善局部电网输送电能力的薄弱现状，加强油气管网、LNG终端、港口、码头、通信等基础设施的建设，加强对香港和澳门的送电送气通道建设，使城市间的油气运输更加畅通，保障港澳用电、用气安全；保留退出煤电设施的用地属性，为新增电力设施提供用地和公共基础设施保障，并通过提高地区各城市之间的应急调配能力，加强灾备安全；研究推进跨区域输电通道建设，实施城市配电网建设改造行动，推进新一轮农村电网改造升级，促进城乡网源协调发展；大力发展“能源+互联网”技术，协调规划，分步建设城市间的高压、特高压电网，利用互联网技术，促进生产城市、消费城市之间的深度合作。

二、加强技术装备和产能合作

珠三角地区人均地区生产总值在 2018 年接近 2 万美元，要素约束条件增强、综合成本上升态势明显，企业拓展海外市场的需求强烈，部分领域已经出现产业转移趋势。国际贸易保护主义抬头、国内生产要素成本上涨等因素对国内制造业企业的发展造成一定压力，但珠三角地区制造业仍具有较强活力和良好的发展条件。今后依托珠三角地区的能源技术高地和新能源产业基地，有望在先进核电、氢能与燃料电池、燃气轮机、700℃超超临界煤机、微燃机、深海钻井和超导等一批具有优势的重大技术领域取得突破性进展；应加强能源技术、装备与工程服务之间的合作，深化合作水平，促进重点技术消化、吸收再创新；鼓励珠三角地区以多种方式参与城市间的重大电力项目，因地制宜地参与有关新能源项目投资和建设，有序开展境外电网项目投资、建设和运营。

三、开发能源金融合作

区域能源合作框架以城市金融中心为基础依托，借助金融中心在专业分工和金融服务上的优势，实现交易成本的最低化和经济利益的最大化；依托香港、深圳等金融中心，利用地缘经济优势，打通与其他城市区域间的能源合作通道，不断以能源金融产业链的形式获取与周边地区的合作，通过加盟合作的方式扩大区域能源金融合作的规模。2017 年珠三角建立全国首个广州南沙能源金融示范区，重点发展能源科技产业、能源金融服务业、能源金融科技产业。未来将形成新的开发金融合作模式，努力打造粤港澳大湾区能源金融科技创新示范区、国家级能源标准化建设示范区。

第十章　保障措施与建议

一、建立清洁多元的能源供应格局，保障区域能源供应安全

建设珠三角地区以清洁能源为主的多元能源供应格局。要进一步控制煤炭消费总量，进一步提高煤炭清洁高效利用水平。需积极发展核电，在珠三角沿海地区开工建设先进三代压水堆核电试点项目；要根据珠三角地区的能源产业基础，加快发展风能、光伏和智能电网设备，壮大新能源产业；电力部门积极推进清洁电力供应替代落后煤电机组，加快建材、钢铁、造纸、化工、纺织等行业用煤替代；交通部门广泛推广新能源汽车，鼓励清洁燃料在交通运输领域的应用，提高公交车、出租车、私人小汽车等市内客运交通的能源效率；同时，要加强能源区域合作，把粤西、粤东新建核电和海上风电、西部水电作为电力保障的重要组成部分，提高供电安全，实行电力供应合约机制，提高粤港澳大湾区的供电安全，并以此积极推进可再生能源发展，实现粤港澳大湾区清洁电力100%。

依托“一带一路”和粤港澳大湾区建设，打造能源储用基地。加强珠三角以及粤港澳大湾区能源基础设施互联互通建设，合理规划天然气接收站和储气调峰库，出台相应的储备补偿机制。推动粤港澳大湾区内天然气主干管网的多主体融合与能源基础设施互联互通建设，通过提高粤港澳大湾区内城市之间的应急调配能力，加强灾备建设；激励天然气基础设施向第三方开放，鼓励更多企业到国际市场上竞争开拓气源，降低海外购气成本；促进能源区域合作，提高外购清洁能源占比。开发沿海的清洁能源，依托“一带一路”和粤港澳大湾区建设，打造国家油气储备基地和可再生能源基地，这成为国家能源安全保障体系的重要一环。

二、推动产业向绿色集约型发展，打造中高级能源消费结构

以产业绿色转型促进能源转型。推进节能环保产业发展，加强工业节能减排、

强化建筑节能减排、促进交通节能减排，推动产业向绿色集约型发展，大幅降低单位地区生产总值能耗。

加快推进用能转型。在能源革命的推动下，加快清洁低碳能源的利用，大幅提高终端电气化、天然气消费比例，增强电网建设里程和天然气管网数，推进能源分布式发展，推动清洁低碳能源新体系建设。

打造中高级能源消费结构。提升传统产业的绿色发展水平，通过优化产能，推动传统产业转型升级，淘汰落后产能；鼓励发展现代服务业和战略性新兴产业，构建高效清洁、低碳循环的绿色制造体系，促进传统产业转型升级。

加强研究珠三角地区能源发展规划与经济产业发展规划的协调和衔接，分类制定能源消费总量控制目标，对于积极发展非化石能源、单位地区生产总值能耗和碳排放强度下降率显著的地区给予总量分配政策倾斜。

三、聚焦能源革命对生态环境保护的主动性，深入推动生态文明建设

深入贯彻“四个革命、一个合作”的重大能源战略思想，推动珠三角地区生态文明建设进入更高质量的发展阶段。①能源消费，需打造中高级能源消费机构，鼓励发展低能耗、低污染、低排放的环境友好型产业；②能源供给，要鼓励清洁能源替代传统化石能源，在市场化与补贴政策方面要进一步优化新能源发展政策；③科技创新，应支持能源与环境技术的创新、应用与推广，积极推动技术模式、产业模式和商业模式的创新；④能源管理，需形成要素自由流动的能源市场体系，建立健全能源科学管理模式；⑤开放与合作，要着眼于资源配置“全球化”趋势，构建连接世界的能源合作网，打造国际能源合作的利益共同体。

充分认识未来一段时间内经济保持发展与能源需求日益增长的需求，加强地区经济社会发展与生态环保发展规划、能源发展规划的协调和衔接，实施能源消费总量与强度“双控”，推动能源产业向绿色集约化发展，单位地区生产总值能耗与碳排放强度对标国际一流湾区先进水平，推动经济社会高质量发展，并深入推动生态文明建设。

四、加强能源科技创新体系顶层设计，健全科技创新体制机制

统筹推进基础性、综合性、战略性能源科技研发，提升能源科技整体竞争力，培育更多能源技术优势并将其加快转化为经济优势。发展创新绿色电力技术，开

发可再生能源并网及先进储能技术、海上风电场自主创新成套技术、太阳能和风能转换新材料及寿终产品再生利用技术、超洁净火力发电技术和末端污染物治理技术（煤电、气电）。

加快用能领域的技术开发创新，从源头上提高能源系统的效率，降低用能成本，提高利用效率。发展交通运输领域的绿色能源技术，开发长续航和大载荷电动汽车及氢燃料电池车技术、面向空运和海运的清洁燃料替代技术，发展4G/5G等通信技术、物联网、云计算、大数据等信息技术在智能交通领域的应用；发展节能低碳建筑技术，开发光伏-地热-建筑一体化技术、被动式节能建筑/建筑组群的集中式热电冷联供技术；发展智慧能源系统技术，开发“互联网+智慧能源”及其带来的新技术，如工业4.0智慧能源系统，推动由单一能源供应商向清洁、低碳、智慧的综合能源服务商转型；同时，建立健全在科技管理、政府服务、考核与激励、产学研合作、科研成果转化、人才培养以及金融支持等方面的机制，为科技创新提供保障。

五、构建能源治理体系现代化，培育综合能源服务方式

制定不同尺度的能源发展目标。加强珠三角内能源发展与经济产业发展规划的协调和衔接，研究主体功能区、不同空间尺度等，分类制定能源消费总量控制目标。

构建能源治理体系现代化。能源体制革命要求加快构建有效竞争的市场结构和市场体系，全面推进能源企业市场化改革；建立能源价格形成与成本审核机制，加快推动珠三角地区参与全球能源定价系统，加强政府的定价成本监审工作。

建立地区民间的能源发展协调机构，使其服务于能源及环境公共事务管理。采取多个智库联合组建的独立咨询和协调机构，协助政府对环境保护、港口协调、能源供需调配、物流运输等事务进行规划、协调、咨询、评估。

积极培育满足多元化能源生产需求的综合能源服务方式。做好工业及建筑能效提升服务，鼓励发展第三方能源服务商，提高农村能源服务的标准化、专业化水平。

参考文献

安静. 2015. 广东省产业结构、能源消费与经济增长的关联效应——基于灰色关联模型的实证分析[J]. 科技和产业，15（2）：49-52，101.

澳门特别行政区政府统计暨普查局. 2019. 统计数据库[EB/OL] . [2019-07-24]. https://www. dsec. gov. mo/zh-MO/ Statistic/Database.

陈健. 2009. 我国绿色产业发展研究——以珠三角为例[D]. 武汉：华中农业大学.

陈娟. 2017. 能源互联网背景下的区域分布式能源系统规划研究[D]. 北京：华北电力大学（北京）.

陈明灼. 2019. 中国新型城镇化建设中居民能源消费问题的分析及对策[J]. 经济论坛，（12）：73-79.

东莞市统计局. 2019. 东莞统计年鉴 2019[M]. 北京：中国统计出版社.

佛山市统计局. 2019. 佛山统计年鉴[EB/OL]. [2019-12-23]. http://www.foshan.gov.cn/gzjg/stjj/tjnj_1110962/index.html.

广东省发展和改革委员会. 2017a. 广东省能源消费总量控制工作方案[EB/OL]. [2017-02-14]. http://www.hailing.gov.cn/tzhl/zsxx/content/post_230338.html.

广东省发展和改革委员会. 2017b. 广东省现代服务业发展“十三五”规划[EB/OL]. [2017-04-17]. http://www. gd.gov.cn/gdywdt/bmdt/content/post_76981.html.

广东省发展和改革委员会. 2017c. 广东省应对气候变化“十三五”规划[EB/OL]. [2017-09-13]. http://drc.gd.gov.cn/gkmlpt/content/1/1060/post_1060342.html#829.

广东省发展和改革委员会. 2018a. 广东省能源发展“十三五”规划[EB/OL]. [2018-07-06]. http://drc.gd.gov.cn/gkmlpt/content/1/1060/post_1060789.html#876.

广东省发展和改革委员会. 2018b. 广东省生态文明建设“十三五”规划[EB/OL]. [2018-07-26]. http://drc.gd.gov.cn/sswgh/content/post_854081.html.

广东省环境保护厅. 2017. 珠三角国家绿色发展示范区建设实施方案（2017—2020 年）（征求意见稿）[EB/OL]. [2017-04-26]. https://max.book118.com/html/2017/1206/142998098.shtm.

广东省环境保护厅. 2018. 广东省打赢蓝天保卫战 2018 年工作方案[EB/OL]. [2018-05-07]. http://dgepb.dg.gov.cn/ztlm/slwzhzzzt/zcwj/content/post_477775.html.

广东省人民政府. 2012. 广东省主体功能区规划[EB/OL]. [2012-09-14]. http://www.gd.gov.cn/gkmlpt/ content/0/146/post_146572.html#7.

广东省人民政府. 2017. 广东省沿海经济带综合发展规划（2017—2030 年）的通知[EB/OL]. [2017-10-27]. http://www.gd.gov.cn/gkmlpt/content/0/146/post_146463.html?jump=false#7.

广东省人民政府. 2019. 广东省打赢蓝天保卫战实施方案（2018—2020 年）[EB/OL]. [2019-01-12]. http://www.gd.gov.cn/gkmlpt/content/1/1055/post_1055797.html#7.

广东省人民政府办公厅. 2014. 珠江三角洲地区生态安全体系一体化规划（2014—2020 年）[EB/OL]. [2014-11-24]. http://www.gd.gov.cn/gkmlpt/content/0/143/post_143525.html#7.

广东省统计局. 2019. 广东统计年鉴 2019[M]. 北京：中国统计出版社.

广东省推进粤港澳大湾区建设领导小组. 2019. 广东省推进粤港澳大湾区建设三年行动计划

（2018—2020 年）[EB/OL]. [2019-07-05]. http://www.cnbayarea.org.cn/homepage/news/content/post_170138.html.
广州市统计局. 2019. 广州统计年鉴 2019[M]. 北京：中国统计出版社.
郭贤明，钟式玉. 2015. 广东新能源产业对经济发展的作用与潜力[J]. 电力与能源，36（5）：653-657.
国家发改委能源研究所“重塑能源”课题组. 2016. 重塑能源：面向 2050 年的中国能源消费和生产革命路线图[J]. 经济研究参考，（21）：3-14.
国家发展和改革委员会，国家能源局. 2016a. 能源发展“十三五”规划[EB/OL]. [2016-12-26]. http://www.nea.gov.cn/2017-01/17/c_135989417.htm.
国家发展和改革委员会，国家能源局. 2016b. 能源生产和消费革命战略（2016—2030 年）[EB/OL]. [2016-12-29]. https://www.ndrc.gov.cn/xxgk/zcfb/tz/201704/t20170425_962953.html.
国家发展和改革委员会，国家能源局，工业和信息化部. 2016. 关于推进“互联网+”智慧能源发展的指导意见[EB/OL]. [2016-02-24]. http://www.nea.gov.cn/2016-02/29/c_135141026.htm.
国家发展和改革委员会，科技部，工业和信息化部，等. 2017. 循环发展引领行动[EB/OL]. [2017-04-21]. http://www.gov.cn/xinwen/2017-05/04/content_5190902.htm.
国务院. 2008. 珠江三角洲地区改革发展规划纲要（2008—2020 年）[EB/OL]. [2008-12-17]. http://www.scio.gov.cn/ztk/xwfb/52/9/Document/1057059/1057059.htm.
国务院. 2016. “十三五”节能减排综合工作方案[EB/OL]. [2016-12-20]. http://www.gov.cn/gongbao/ content/2017/content_5163448.htm.
国务院. 2019. 粤港澳大湾区发展规划纲要[EB/OL]. [2019-02-18]. http://www.xinhuanet.com/politics/2019-02/18/c_1124131474.htm.
国务院发展研究中心，壳牌国际有限公司. 2019. 全球能源转型背景下的中国能源革命[M]. 北京：中国发展出版社.
何建坤. 2017. 实施能源革命战略 促进绿色低碳发展[J]. 宁波节能，（5）：12-15.
惠州市统计局. 2019. 惠州统计年鉴 2019[M]. 北京：中国统计出版社.
江门市统计局. 2019. 江门统计年鉴 2019[EB/OL]. [2019-11-28]. http://www.jiangmen.gov.cn/bmpd/jmstjj/tjsj/tjnj/content/post_1857065.html.
刘强，王恰. 2017. 中国的能源革命——供给侧改革与结构优化（2017—2050）[J]. 国际石油经济，25（8）：1-14.
吕涛，侯潇然. 2019. 习近平总书记能源革命重要论述的理论逻辑[J]. 煤炭经济研究，39（3）：4-8.
深圳市统计局. 2019. 深圳统计年鉴 2019[M]. 北京：中国统计出版社.
石云龙. 2014. 珠三角、长三角、环渤海经济圈经济增长与能源消耗的现状分析与对策[J]. 经济研究导刊，（12）：8-9，12.
史丹，王蕾. 2015. 能源革命及其对经济发展的作用[J]. 产业经济研究，（1）：1-8.
汤嫣嫣. 2017. 我国居民消费碳排放影响因素及其空间差异研究[D]. 徐州：中国矿业大学.
唐学用，赵卓立，李庆生，等. 2018. 产业园区综合能源系统形态特征与演化路线[J]. 南方电网技术，12（3）：9-17.
王小丹. 2013. 主体功能区划背景下广东省土地生态安全评价[D]. 南京：南京大学.
王月梅，杨建荣，张颖，等. 2015. 绿色生态 CBD 的关键规划方法及技术探讨[J]. 建设科技，（4）：54-55.

王之军，孔群喜，焦艳. 2013. 珠三角 FDI 与碳排放相关性测评——基于区域发展时滞与产业结构演变视角的分析[J]. 汕头大学学报（人文社会科学版），29（3）：69-76，96-97.
《粤港澳大湾区能源转型中长期情景研究》项目组. 2020. 粤港澳大湾区能源转型中长期情景研究[M]. 北京：科学出版社.
曾兴球. 2016. 加强亚洲能源合作释放区域发展潜力[J]. 国际石油经济，24（8）：12-17.
赵秀娟. 2015. 低碳转型目标下产业结构优化的机制与政策研究[D]. 广州：暨南大学.
肇庆市统计局. 2019. 肇庆统计年鉴 2018[EB/OL]. [2019-05-08]. http://www.zhaoqing. gov.cn/xxgk/tjxx/tjnj/.
中山市统计局. 2019. 中山统计年鉴 2019[EB/OL]. [2019-11-13]. http://stats.zs.gov.cn/gkmlpt/content/1/1342/post_1342223.html#405.
珠海市统计局. 2019. 珠海统计年鉴 2019[M]. 北京：中国统计出版社.